40대, 다시 한 번 공부에 미쳐라

40대, 다시 한 번 공부에 미쳐라

초판 1쇄 인쇄 | 2012년 2월 25일
초판 13쇄 발행 | 2015년 7월 30일

지은이 | 김병완
펴낸이 | 조완욱
펴낸곳 | 함께북스

등록번호 | 제1-1115호
주소 | 412-230 경기도 고양시 덕양구 행주내동 735-9
　　　　　(행주로83번길 51-11)
전화 | 031-979-6566~7
팩스 | 031-979-6568
이메일 | harmkke@hanmail.net

ⓒ2012 김병완

ISBN 978-89-7504-568-4 (03320)

40대, 다시 한 번
공부에 미쳐라

김병완 지음

한께
BOOKS

"인류 역사의 오랜 기간 동안 중년은 대개 무시되었다. 탄생, 젊음, 노년, 죽음은 모두 나름대로 대우를 받아왔지만 중년은 무시되었을 뿐만 아니라 심지어 별개의 실체로 여겨지지도 않았다.

물론 인류 역사의 대부분 기간 동안 중년이 무시된 것은 충분히 이해할 수 있는 것이다. 삶이 가혹하고 짧았으므로 중간에 할당할 시간이 없었던 것이다. 그리스 시대에 이르러서는 원숙함이 존경을 받았다. 예컨대 그리스 시민들은 50세가 되어야 배심원이 될 수 있었다. 하지만 그리스 시대에 중년에 해당하는 연령은 현재 중년 연령의 근처에도 미치지 못한다. 무엇보다 그렇게 오래 사는 그리스인이 그다지 많지 않았다. 고대 그리스인의 평균 기대수명은 서른 살이었다. 더 오래 산 행운의 영혼들이라 해도, 인생의 높은 봉우리에 도달해 상쾌한 공기를 들이마시자마자 허겁지겁 노년의 골짜기로 하산했다고 보면 될 것이다.

물론 지금은 그 모두가 달라졌다. 1세기 전만 해도 약 47세였던 선진국의 평균수명이 지금은 78세에 달하는 등 인간의 수명이 늘어남에 따라 우리에게는 긴 폭의 시간이 생겼다. 그러한 시대의 전환과 함께 중년이 인정을 받았다. 중년에 관한 책들이 나왔고, 영화들이 만들어졌으며, 연구가 시작되었다."

　　이제 인류는 중년의 시기가 긴 인생을 사는·데 얼마나 중요한 시기인지에 대해 서서히 깨닫기 시작했다. 과학 기술의 발전으로 인해, 뇌 스캐너와 유전자 분석 같은 새로운 도구와 더 정교해진 장기적 연구로 인해 중년의 뇌는 마침내 받아야 할 대우를 받게 되었다.

　　패턴인지, 어휘력, 종합능력, 통찰력, 판단력, 직관에서 중년의 뇌야말로 가장 뛰어나다고 역설하고 있다. 핵심을 꿰뚫어보는 능력이 가장 뛰어난 시기가 바로 중년이라는 사실을 알게 된 것이다.

목차

1장
40대 진짜 공부를 시작하라

이 세상의 그 어떤 위대한 것도 위대한 사람이 없이는 이루어질
수 없고, 사람은 스스로 위대해지기로 작정했을 때만 위대해진다.
– 샤를 드 골

나는 의식적인 노력으로 자신의 삶을 높이고자 하는 인간의 확실
한 능력보다 더 고무적인 사실을 알지 못한다.
– 헨리 데이비드 소로

인생은 길고 직장은 짧다!

마흔! 이룰 수 있는 목표가 남아 있는 젊은 나이!

우리가 누구든 상관없이, 우리들 모두는 절대로 부인할 수 없는 한 가지 사실이 있다. 그것은 우리의 인생이 놀라울 만큼 길어졌다는 사실이다. 우리의 평균수명은 거의 80을 넘어가고 있다. 이러한 추세는 매년 늘어가고 있고, 심지어 우리가 살고 있는 대한민국은 노령화 추세가 가장 크게 늘어나고 있는 나라 중에 하나이다.

불과 100년 전만 해도 평균수명이 40세 정도라고 생각해 볼 때, 지금은 그때에 비해 무려 2배나 더 긴 인생을 싫든, 좋든 살아야 하는 시대이다. 물론 중도에 자살을 하거나 사고를 당하거나 불치의 병에 걸려 먼저 이 세상을 마감하는 사람도 있지만, 평균을 따져보면, 확실히

옛날보다 오래 사는 사람들이 많은 것은 사실이다. 그것도 매우 건강한 상태로 노년을 즐기면서 살아가는 사람들이 많다.

심지어, 18세기에 살았던 사람들에 비해서는 놀랍게도 평균수명이 오늘날 세 배 정도나 늘어났다. 한 마디로 삶의 구조와 틀 자체가 바뀌었다고 말해도 될 것 같다.

50대 중반에 이십 년 이상을 한결같이 한 직장을 충성스럽게 다녔던 어떤 사람이 퇴직을 하였는데, 그동안 모아놓은 돈과 퇴직금으로 평생 먹고 살기에는 부족함이 없을 것 같아서 새로운 일을 시작하거나 새로운 뭔가를 하지 않고 그냥 편안한 노후를 보내었다고 한다. 그런데 그로부터 무려 30년이 지나서 나이가 80대 중반이 되어서야 비로소, 자신의 생각이 크게 잘못되었음을 깨닫고 후회하면서 말했다.

"내가 말이지, 정말 후회가 되는 한 가지는 말이야, 회사를 정년 퇴임했을 때인 50대 중반이었을 때, 새로운 무엇인가를 시작했다면 지금쯤 무엇인가를 성취했을 수도 있었을 텐데, 적어도 최소한 이렇게 죽을 날만 기다리며 허송세월을 보내지는 않았을 것인데 말이야, 지금이라도 새로운 무엇인가를 시작해보려고 하네, 그 30년의 세월이 너무 아까워!"

불과 50년 전 우리의 선배들은 이러한 이야기를 도저히 이해하지 못 할 것이다. 그때와 지금은 너무나 많은 차이가 있기 때문이다. 우리의 선조들이 살아온 삶의 구조는 평균수명이 너무나 짧았기 때문에 여러 단계로 나누는 것이 불가능했다. 20년씩을 한 단계로 나누어본다면, 단순히 2단계 정도로 밖에 나눌 수 없었다. 태어나서 평균수명의 반인 20대의 나이가 될 때까지의 유년기와 청소년기와 청년기를 모두 합하여, 제1단계인 성장기라고 할 수 있었을 것이다. 그리고 그 후로 30대와 40대의 중년을 살다 보면, 특별한 소수를 제외하고 거의 모든 사람들이 죽음을 맞이하게 되었다. 그래서 제2단계인 30대 이후의 20년 즉 중년기가 바로 인생의 마지막 단계였을 것이다.

이것이 그 당시의 삶의 패턴이며 사람들이 삶을 설계할 수 있는 인생의 단계였을 것이다. 우리나라만 따져 보아도 불과 67년 전인 1945년에 우리나라 사람들의 평균수명은 불과 47세였다.

하지만 인간의 수명은 점차 늘어나서, 70년대에는 60세를 넘기고 80년대에는 66세까지 늘어났고 90년대에는 70세를 넘었다. 그리고 2000년대에는 75세를 넘어 2010년에는 80세를 바라보았다. 그래서 인생의 삶의 패턴이나 인생의 단계가 2단계 더 늘어났다고 말해도 과언이 아니다. 이로 인해 결혼 연령도 자연스럽게 늦어지고 노처녀나 노인에 대한 연령 기준이 매년 바뀌고 있다.

하지만 가장 큰 문제는 우리의 의식이다. 우리의 의식은 아직도 평균수명이 40세 때의 삶의 구조와 패턴을 가지고 있다. 그래서 20대가 인생에서 가장 중요하다고 생각하며 너무 조급하게 인생의 성공과 실패를 스스로 판단한 채 자포자기 상태로 인생을 살아가는 사람들이 너무 많다. 20대 때 공부를 못했다면, 그 이후의 삶을 못 배운 사람으로 살아가는 사람이 대부분이었다. 2, 30대 때 성공을 하지 못하면, 그 의 인생은 그저 그런 별볼일 없는 사람으로 삶을 영위하게 되는 것을 숙명처럼 받아들였다.

하지만 이제 시대가 바뀌었다. 그 바뀐 시대는 바로 우리에게 기회를 더 주었다고 할 수 있다. 왜냐하면 살아 있다는 것이 이제는 기회가 되는 시대인 것이다.

과거에는 신분의 수직 상승이 어려웠고, 지식에 대한 접근조차 힘들었던 시대도 있었다. 그리고 세상을 올바르게 바라볼 수 있는 학문을 배울 수 있는 기회가 평생 금지된 신분의 사람들도 있었다.

하지만 지금은 어떤가? 이 모든 것이 가능한 시대이다. 인류 역사상 가장 많은 가능성의 시대에 우리는 살고 있음을 알아야 한다.

아무리 나누어도 2단계 이상으로 나눌 수 없었던 백 년 전의 인간의 삶의 구조와 지금의 인생의 그것은 너무나 다르다. 그리고 이러한 변화가 우리에게 요구하는 것은 길어진 40년을 어떻게 더 당당하게 더 풍요롭게 더 인간답게 잘 살아가느냐 하는 대처능력일 것이다. 누구에게는 길어진 40년의 시간이 재앙이 될 수도 있고, 또 누구에게는 축복이 될 수 있을 것이다. 그것을 쟁취하는 것은 본인의 삶의 자세와 선택이다.

혹자는 길어진 40년을 위해 자격증을 따놓아야 한다고 말한다. 또 혹자는 노후 대책으로 돈만 많이 있으면 걱정이 없다고 한다. 또 혹자는 건강하면 된다고 한다. 하지만 노후 대책은 물론이고 우리에게 추가된 40년을 당당하고 멋지게 살기 위해서는 근본적인 준비가 필요하다. 그 근본적인 준비는 변화를 넘어 자신을 성장시키고 자신을 넘어서는 공부라고 할 수 있다.

우리가 사는 이 시대는 성장기 - 청년기 - 중년기 - 노년기가 확실하게 구별되는 시대이다. 과거에는 '인생은 짧고 예술은 길다.' 라는 말이 진리였지만, 그 말은 이제 더 이상 진리가 아니다. '인생은 길고, 기술은 높다.' 라고 해야 하는 시대가 된 것이다.

인생이 길어짐에 따라 우리의 삶의 모습도 너무나 많이 바뀌었다. 청년과 중년의 경계가 많이 허물어지고 있고, 중년과 노년의 경계 또한 많이 허물어졌다. 그래서 어떤 사람은 자신이 관리하기에 따라 중년의 나이에 청년보다 더 청년답게 보이고, 실제로 몸과 마음이 젊어서 청년과 같은 젊음을 중년의 나이에도 누리는 사람이 많다. 8, 90세의 나이에도 자신의 삶의 발전을 위하여 노력하며 사는 노년들도 많아지고 있다. 세상이 바뀌고 나이의 경계가 허물어지고 있는 것이다.

현대는 프로와 아마추어의 경계가 무너지고 있는 프로암의 시대이며, 생산자와 소비자의 경계가 무너지고 있는 프로슈머(prosumer)의 시대이고, 학문의 경계가 무너지고 있는 융합의 시대이다. 이처럼 우리가 살아가고 있는 시대는 전통적인 경계들이 무너지고 있고 새로운 도전과 변화가 끊임없이 발생하고 있는 변화의 시대인 것이다.

　인생이 길어짐에 따라 발생하는 변화 중에 가장 큰 변화는 40대 이후의 삶의 모습이다. 과거에는 결혼해서 십 년이나 이십 년만 참고 살면 그만이었다. 어차피 평균수명이 길지 않았기 때문에 이혼한다는 것은 너무나 큰 손해이고, 거의 불가능했다. 하지만 이제는 황혼 이혼이 늘어나고 있다. 60대 이후에도 관리만 잘하면 20년 이상을 살 수 있기 때문이다. 60대에 대학에 입학하여 학문에 정진하는 사람들도 늘어나고 있다. 40대는 아직도 자신이 이룰 수 있는 목표가 남아 있는 청춘인 셈이다.

　무엇보다 명심해야 할 사실은 이렇게 길어진 인생을 어떤 사람은 행복하고 즐겁게 살면서 멋진 인생을 보내고 있지만, 또 어떤 사람은 오히려 길어진 인생이 재앙이 되어버리는 사람도 있다는 사실이다.

　이 책은 길어진 인생을, 보다 더 잘 살고 멋지게 살기 위해 우리의 마인드를 시대에 맞게 바꾸고 인생에서 가장 중요한 시기는 40대라는 사실과 공부의 필요성에 대해 말해주고자 한다.

　인생이 길어졌음에도 불구하고 우리에게 가장 큰 재앙으로 다가온 것은 평생 직장이 이제 사라졌다는 사실이다. 과거에는 평생 직장이라는 개념이 엄연히 존재하였다. 한 번 취직을 하면 평생 그 직장에서 일을 하는 것이 정상이었지만, 이제는 평생 직장이란 개념조차 낯설어졌다. 40대 중반만 되어도 퇴직을 걱정해야 하는 시대가 되었다.

'인생은 길어졌고, 직장은 짧아졌다.'

이것이 40대 공부가 반드시 필요한 이유 중에 한 가지이다. 40대 이후의 삶을 인생의 후반부로 생각하기보다는 또 다른 하나의 인생이라고 생각해야 할 것이다. 우리에게 중요한 인생 과제는 길어진 인생을 제대로 인간답게 영위해 나가야 한다는 것이다.

인생의 전반기인 40대 이전의 삶이 아무리 큰 실패를 하고 아무리 큰 좌절과 절망을 했다 해도, 인생의 후반기인 40대 이후를 멋지게 성공적으로 살게 되면 그 인생은 성공한 인생이라고 할 수 있다.

'끝이 좋으면 다 좋다' 라는 말이 있을 정도로 끝이 중요하다는 것은 진리다.

그렇다면, 우리는 어떻게 살아야 할까? 기억도 나지 않는 학교에서 배운 지식으로 평생을 살고자 하는 것은 이제 너무나 어리석은 생각이 아닐 수 없다. 졸업한 지 십 년이 지나고 이십 년이 지나게 되면 더 이상 학창시절에 배운 지식은, 그 지식들은 세상이 너무나 빨리 변하기 때문에 그리고 지식이 너무나 빨리, 많이 폭증하기 때문에 죽은 지식들이 되어서 사용 가치가 없는 지식으로 전락되어 있을 확률이 매우 높다. 그래서 40대 이전까지는 어떻게든 버틸 수 있었지만, 40대 이후의 삶이 너무나 길어졌고 너무나 복잡해졌기 때문에 아무 준비도 없이 잘살고자 한다면, 그것은 매우 큰 착오를 범하는 것이다.

길어진 40대 이후의 삶을 제대로 잘 살기 위해서 가장 필요한 것은 '40대 공부'이다. 공부는 우리로 하여금 미래를 잘 준비하게 만들어주고 우리의 사고를 확장시켜줄 뿐만 아니라 유연하게 만들어준다. 그리고 길어진 인생을 보다 더 건강하고 활기차게 살 수 있도록 해줄 것이며 크나 큰 삶의 기쁨을 선사해줄 것이다.

아이들에게는 노는 것만큼 재미있는 것은 없다. 그래서 아이들은 놀 때 가장 행복하고 건강하다. 하지만 인생의 산전수전을 다 겪은 40대 인생에게 가장 재미있는 것은 '공부'라고 필자는 자신있게 말할 수 있다. 그러나 불행하게도 이러한 사실을 수많은 40대들이 모르고 있다. 아니 잊은 척 외면하며 하루하루를 근심으로 지내고 있다. 놀이를 과소평가해서는 안 된다. 놀이를 금지당한 쥐들은 죽음을 선택한다. 아니 선택이 아니라 살 수가 없는 것이다. 마찬가지로 40대에게 공부를 금지시키는 것은 40대들이 제대로 된 인생을 살 수 없도록 눈과 귀를 가리는 것과 다를 바 없다.

과거에 권력자들이 이 사실을 알고 있었기에, 책을 불태우고 학문을 금지시켰던 것이다. 지혜롭고 현명한 삶을 살지 못하게 함으로써 자신이 원하는 대로 다스리기 위한 우민정책의 하나가 바로 책의 탐독을 허용하지 않게 함으로써 공부를 하지 못하게 하는 것이었다.

왜? 과거의 권력자들이 백성들이 공부를 하지 못하도록 책을 불태우고 학문을 금지시켰는지를 생각해 보면, 성인이 된 후의 공부가 얼마나 중요한 것이며 얼마나 인생에 필요한 것이며 도움이 되는 것인지 가늠해볼 수 있다.

분명한 사실은 인생에서 40대 시기만큼 공부의 참된 기쁨을 제대로 누릴 수 있는 시기는 절대적으로 없다는 사실이다. 인생이 무엇인지 모르며 인생의 산전수전을 겪어보지 못한 10, 20대들은 공부의 참된 기쁨을 누릴 수 없다. 공부라는 것이 매우 심오한 인간의 고차원적인 활동이기 때문이다. 학교 공부나 시험 공부, 졸업 시험 공부, 취직 공부, 승진 공부를 감히 참된 공부라고 말해서는 안 된다. 그것은 참된 공부를 스스로 하기 위한 예비 공부에 불과할 뿐이다.

참된 공부는 40대에 들어서야 비로소 할 수 있는 것이다. 현대 경영학의 창시자인 피터 드러커 박사 역시 이러한 사회의 모습을 잘 이해하고 주장했던 대표적인 학자이다. 그는 평생 학습을 해야만 생존이 가능한 평생학습사회를 주장한 바 있다. 그의 주장대로 이제 우리가 살아가야 할 사회는 산업사회가 아니라 지식사회이며 평생학습사회이다. 피터 드러커 박사는 사회의 구조 자체가 바뀌었음을 강하게 주장했고 그의 주장은 이제 기정사실로 받아들여지고 있다.

사회의 변화에 따라, 우리의 삶의 모습과 구조 역시 완전히 바뀌었다는 사실을 깨달아야 한다. 그리고 단순히 깨닫고 이해하는 수준에서 머물러서는 안 된다. 길어진 삶을 준비하는 수준이 되어야 한다.

언제나 그리고 어디에나 길은 존재한다. 문제는 우리가 그 길을 발견하고 찾을 수 있는 안목과 혜안이 있느냐 하는 것이다. 이러한 점에서 공부의 필요성이 부각된다. 그러한 길을 발견할 수 있는 안목과 혜안을 우리에게 가져다 주는 것이 40대 공부이다. 또한 공부를 통하여 스스로 발견한 길로 당당하게 걸어 나갈 수 있도록 자신을 성장시켜 주는 것이 40대 공부인 것이다.

>> 내면의 소리에 귀를 기울여라

소망과 열정은 머리에서 나오는 것이 아니라 가슴에서 나오는 것입니다. 우리의 영혼이 무엇을 가장 원하는지, 어디로 가야하는지 알기 위해서는 내면의 소리에 귀를 기울여야 합니다. 사람들은 자신이 가야할 길을 알기 위해 고민하지만 인생의 지도는 이미 우리 마음속에 있습니다. 내면의 소리에 귀를 기울이세요. 당신의 마음이 말하는 소리를 따라가 보세요. 당신의 마음이 이끄는 곳에 당신을 위해 준비된 신의 선물이 준비되어 있을 것입니다.

– 「나를 위한 하루 선물」 중에서

과거와 결별을 선언하라

나이 5, 60세에 새로운 분야의 일을 시작하여 크게 성공을 이룩해낸 사람들이 생각보다 훨씬 많다. 자, 이제 당신도 이미 지난 과거는 쓰레기통 안에 과감하게 던져 넣어버릴 필요가 있다.

과거에 어떤 큰 성공을 거두었든지 혹은 어떤 큰 실패와 시련을 겪었든지는 중요하지 않다. 이제 우리가 살아가야 할 앞으로의 인생에는 그것들이 아무 소용이 없다. 그러므로 절대 과거에 연연하지 말자, 과거의 성공과 실패에 대해서는 그 어떠한 미련도 집착도 갖지 말자, 왜냐하면 앞으로 살아가야 할 날들이 더욱 더 소중하기 때문이다. 앞으로 살아가야 할 날들이 주축이 되어 그것들이 토대가 되어 우리 인생의 성공과 실패가 결정되기 때문이다.

한 사람의 진면목은 40대 이후에 드러난다. 그 전에는 아무리 큰 성공을 했더라도, 아무리 화려한 삶을 살았다 하더라도, 심지어 아무리 큰 실패와 좌절을 맛보았다 하더라도, 아무 상관이 없다. 그러므로 과거는 모두 쓰레기통에 집어넣어라. 그리고 힘차게 40대 인생을 새롭게 시작하자.

인생의 성공과 실패는 바로 40대 공부에 달려 있다. 2, 30대에 아무리 큰 성공을 한다 해도 그것은 인생의 워밍업밖에 되지 않는다. 그리고 2, 30대 때 겪은 큰 실패에 가슴 아파하지 말라. 왜냐하면 2, 30대에 경험한 큰 실패와 좌절은 오롯이 진짜 인생 40대 이후의 삶에 가장 좋은 성공의 밑거름이 되어 작용하기 때문이다. 수많은 위인들이 위인이 될 수 있었던 이유 중에 하나가 인생의 전반부인 2, 30대에 겪은 큰 실패와 시련과 좌절의 경험이 고스란히 인생에 녹아 들어간 사람들이라는 것을 알아야 할 것이다. 우리가 인생에서 성공하고 행복하기 위해서 가장 먼저 해야 하는 것은 바로 과거에 대한 집착을 버리는 것이다.

미국의 버지니아 대학의 심리학과 교수인 티모시 윌슨 교수는 『뉴욕타임스』에 기고한 글인 '두 번 다시 생각하지 마라, (모든 것이) 다 괜찮아(Don't think twice. It's all right).' 라는 글에서 우리가 행복해 지기 위해서는 과거에 얽매이지 않고, 현재에 집중해야 한다고 주장했다. 그는 또한 자기 반성과 과거에 대한 자기 분석이 지나치면 오히려 나쁜 영향을 줄 수 있다고 경고하고 있다.

또한 우리에게 큰 용기와 희망을 주었던 헬렌 켈러 여사는 말했다.

"한쪽 문이 닫히면, 다른 쪽 문이 열린다. 그러나 흔히 우리는 닫힌 문을 오래도록 보기 때문에 열려 있는 문을 미처 보지 못한다."

우리에게는 40대 이후라는 인생의 또 다른 문이 열려 있다. 그 문을 힘차게 열고 나가기 위해서 가장 먼저 필요한 행동은 이제 닫혀 버린 2, 30대의 인생에서 눈을 돌려, 40대의 또 다른 인생을 바라보는 것이다. 그리고 지난 인생을 과감하게 쓰레기통에 버리고, 새롭게 완전히 새롭게 다시 시작해야 한다.

어둡고 부끄러운 과거를 쓰레기통에 과감하게 버림으로써 큰 성공을 이룩한 인물이 있다. 바로 미디어 제왕으로 세계 최고의 기부자인 CNN 창립자 테드 터너이다.

"어두운 과거는 뒤돌아보지 않는다. 나는 미래다."라고 말하는 그는 정말 힘들고 외롭고 고독한 어린 시절을 보내야 했다. 테드 터너는 아버지의 자살이라는 끔찍한 경험을 해야 했고, 매우 혼란스럽고 불안정하고 방황하는 삶의 경험을 겪어야 했다. 급기야 대학도 중퇴해야만 했던 그는, 성공이 아닌 실패로 가득 찬 인생을 살았다.

하지만 그로 하여금, 미디어 제왕이라는 큰 성공을 할 수 있도록 해준 것은 바로 과거를 돌아보지 않고, 과거의 기억을 모두 쓰레기통에 헌신짝 버리듯 버림으로써 날마다 앞으로 전진할 수 있었기 때문이라고 할 수 있다. 이러한 점을 요한 볼프강 폰 괴테 역시 다음과 같은 말로 잘 표현해주었다.

"더 나은 미래를 상상하지 않으면 헛된 과거에 집착하게 된다."

우리는 인생을 살아가는 자세 하나를 반드시 선택해야만 한다. 그것은 바로 과거에 연연해서 집착하며 살 것인지, 아니면 미래를 향해 마음껏 상상하며 최선을 다해 노력하며 나아갈 것인지를 선택해야만 한다. 여기서 분명하게 말할 수 있는 사실은 과거를 마음에 품고 사는 사람들은 한결같이 고달프고 힘들고 불행한 삶을 살게 된다는 사실이다. 왜냐하면 우리는 우리의 과거를 바꿀 수도 없을 뿐만 아니라 그 과거로 되돌아갈 수도 없기 때문이다. 이런 이유에서 과거의 그 어떤 성공이든, 그 어떤 실패든 모두 흘려 보내야 하는 것이다.

성경에도 이와 같은 말이 나온다.

"손에 쟁기를 들고 뒤를 돌아보는 자는 하나님의 나라에 합당치 아니하니라"

이 말은 구원받기 이전의 죄악된 삶에 대해 연연해 하지 말고 하나님의 말씀대로 앞의 것, 즉 하나님의 나라와 하나님의 의만 구하며 전진하라는 뜻의 의미를 가지고 있다.

이 책에서 잊지 말아야할 한 가지 중요한 사항은, 우리가 새로운 40대 인생을 살고자 한다면 절대 과거의 삶에 대해서 미련을 두지 말고 그것에 연연해 하지 말라는 것이다. 이것은 실패를 했을 경우만을 염두에 두고 말하는 것이 아니다. 성공을 했던 과거가 있다 하더라도 그 성공에 연연해 하지 말아야 한다는 것이다.

갈수록 큰 성공을 하고 성장과 발전을 하는 사람들은 절대 과거를 거들먹거리지 않는다. 과거는 과거일 뿐이기 때문이다. 과거의 달콤한 성공과 화려했던 잘 나가던 시절이 있다 해도, 그것을 쓰레기통에 헌신짝 버리듯 버려야 한다. 왜냐하면, 그것을 자꾸 생각하고 머릿속에 떠 올리게 되면 현재에 집중할 수 없게 되고 발전이 없게 되기 때문이다. 우리의 발전을 가로막는 것은 과거의 실패보다 과거의 성공에 대한 기억이다.

『익숙한 것과의 결별』이란 책에 다음과 같은 말이 나온다.

"과거의 성공은 오늘의 변화에 짐이 된다. 성공은 곧잘 우리를 도취하게 만든다."

우리가 변화를 추구하고, 성장하기 위해서 가장 중요한 것은 과거의 성공조차도 완전히 버려야 한다는 것이다. 그 이유는 그렇게 하지 않으면 우리는 과거의 성공에 도취되어 앞으로의 삶을 살아내지 못하게 되기 때문이다.

대기업에 39세 최연소 이사로 임명되었지만, 직장생활에 회의를 느껴서 자의반 타의반으로 회사를 그만두고 40대 초반에 새로운 컨설턴트로서의 삶을 선택한 한근태 한스컨설팅 대표 역시 인생의 초년에 성공하는 것에 대해 매우 조심해야 한다고 당부한다.

　"인생에서 조심해야 할 3가지가 있다. 초년 성공, 중년 방황, 말년 빈곤이 바로 그것이다."

　초년의 성공은 자기 자신에 대한 진정한 탐색 없이 쉽게 이루어진 것이기 때문에 중년의 방황과 말년의 빈곤으로 가는 지름길이 될 수 있다. 이처럼 과거에 우리가 성공을 했든지 실패를 했든지는 중요하지 않다. 중요한 것은 과거의 삶이 성공이었든 실패이었든, 그것들에 연연하지 않는 것이 새로운 시작과 성장의 첫걸음이라는 사실이다.
　과거의 모든 기억은 헌신짝 버리듯 쓰레기통에 집어 넣어버리고, 새로운 시작과 도약을 준비해야 한다.

40대부터가
당신의 인생을 결정짓는 진짜 인생이다

"나의 40대 초반은 그동안 쌓아왔던 신뢰나 명성의 대부분을 날려
버리는 것으로 시작되었다. 40년 동안 힘들게 노력하여 착실히 모은
돈을 잘못된 투자 결정으로 탕진했다. 그리고 '이제 어떻게 살아가야
하는가' 라는 새로운 과제가 내 앞에 주어졌다."

이 말은 40대 초반에 그 당시로는 생소했던 1인 기업가로 엄청난
모험을 시작했던 공병호경영연구소 소장의 말이다. 40대 초반에 시
작한 1인 기업가의 삶을 통해서, 공병호 소장은 진짜 인생을 살고 있
다고 볼 수 있다. 왜냐하면 그를 알고 있는 사람들은 그가 이전에 어
떤 회사에서 어떤 직책을 맡으며 어떤 성과를 이룩했는가에 대해서는
잘 알지 못한다. 그저 40대 이후에 새롭게 시작한 1인 기업가인 공병
호경영연구소 소장으로 그를 평가하고 있기 때문이다. 뿐만 아니라

공병호 소장 본인도 그 이전에 다니던 회사들이 자신을 정의하는 것들이 아니라, 40대 이후에 새롭게 시작한 자신의 인생이 자신의 인생의 성공과 실패를 비롯한 모든 것을 결정짓는 진짜 인생이라고 생각한다는 것이다.

이러한 점은 저 유명한 나폴레옹, 링컨, 셰익스피어, 조앤 K. 롤링, 마거릿 미첼, 오프라 윈프리와 같은 인물들도 마찬가지이다. 그들의 후반기 인생이 바로 그들이라고 우리는 알고 있고 실제로 그렇다.

누가 나폴레옹을 실패한 수필가로 생각할까? 누가 링컨 대통령을 실패한 상점경영인, 실패한 사업가로 생각할까? 누가 셰익스피어와 같은 대문호를 실패한 양모사업가로 생각할까? 누가 오프라 윈프리를 첫 직장에서 쫓겨난 실업자라고 생각할까? 누가 조앤 K. 롤링을 이혼녀이며 실업자로 생각할까?

하지만 그들은 재능을 인정받지 못한 불운한 수필가였고, 실패한 사업가였고, 첫 직장에서 실력을 인정받지 못해 쫓겨난 실업자였고, 결혼에 실패한 이혼녀이자 직장에서 쫓겨난 실업자이기도 했다는 사실을 우리는 알아야 한다.

셰익스피어는 다양한 직업들을 경험하지만 결정적으로 양모사업가로는 실패자였다. 하지만 그는 결국 위대한 문호가 되었다.

링컨은 또 어떤가? 상점경영인으로 도전을 했지만 보기 좋게 실패를 했고, 사업가로 변신을 했지만 또 실패를 하게 되어 완전히 파산하게 되었다. 그 결과 그는 어마어마한 빚을 지게 되었다. 그 후 17년 동안이나 일을 하면서 갚아야만 하는 처량한 신세가 되었다. 하지만 그는 결국에는 존경받는 위대한 인물이 되었다.

조앤 K. 롤링도 결혼에 실패했고 직장에서도 쫓겨났다. 오프라 윈프리도 첫 직장에서 방송하고는 어울리지 않는 외모 때문에 쫓겨 났다. 『바람과 함께 사라지다』의 작가인 마거릿 미첼도 그의 직업이었던 기자로서는 재능을 인정받지 못 했다. 세계를 정복한 나폴레옹도 수필가로는 실패자에 불과하다.

인생의 초반에 무엇을 했고, 어떤 실패를 했다 해도, 그러한 것들이 우리의 인생을 결코 결정하지 못한다라는 사실을 깨달아야 한다. 이처럼 인생을 살면서 초반에 실패를 하였지만 좌절하지 않고 새로운 것에 도전하여 크게 성공한 사람은 나열하기 힘들 정도로 많다. 더구나 인생이 길어진 현 시대를 살고 있는 사람들에게는 두 번째 직업뿐만 아니라 세 번째 직업도 도전해볼 만 하다. 즉 길어진 인생 덕분에 기회가 더 많아진 것이다.

지금 이 시대를 살고 있는 우리들은 이런 점에서 정말로 너무나 행운아들인 것이다. 과거에는 정신 없이 먹고 살기 위한 삶으로 인생이 너무나 짧았고 자신의 재능을 발견하였다 하더라도 새롭게 도전할 인생의 후반부가 없었다. 그들의 평균수명이 너무나 짧았기 때문이다. 그래서 과거에는 한번 정한 직업을 바꾸기가 좀체로 쉽지도 않았을 뿐만 아니라 바꾸는 것은 멍청한 짓일 수밖에 없었다.

불과 200년 전, 인류의 평균수명이 얼마나 짧았는지, 『길어진 인생을 사는 기술』의 저자 슈테판 볼만은 자신의 저서를 통해 아주 잘 설명해준다. 이 책에서는 200년 전 영국 문학계에서 유명한 브론테 가문의 여섯 자녀들의 평균수명을 제시한다.

장녀 마리아가 결핵을 앓다가 11세에 죽었고, 차녀인 엘리자베스도 결핵으로 10살 때 죽었다. 그리고 『제인 에어』, 『셜리』, 『빌레트』라는 소설을 발표한 셋째 샬럿 브론테는, 여섯 자녀들 중에서 가장 오래 살았던 사람으로 39세까지 살았다. 그리고 남매들 중 외아들인 브랜웰은 31세에 생을 마감했다. 『폭풍의 언덕』을 쓴 에밀리 브론테는 30세 때 폐렴으로 생을 마감했다. 그리고 또 다른 자매인 앤 브론테는 29세에 생을 마감했다.

평균적인 가정의 여섯 남매의 평균수명은 25세였다. 그래서 이때 사람들은 도저히 지금 우리들의 삶을 이해할 수 없다. 지금은 '40세 청년', '인생은 60부터'라는 말도 오래 전부터 유행하고 있으니 말이다.

결론은 지금 이 시대를 살고 있는 우리들은 가능성을 펼칠 수 있는 완벽한 삶의 기회를 가지고 있을 뿐만 아니라, 40세 이후부터 시작되는 또 다른 새로운 인생을 살아갈 시간적 기회를 부여받았다는 사실이다.

2, 30대는 솔직히 인생이라는 소용돌이 속에서 정신 없이 학업과

취업과 돈벌이에 냉혹하게 내몰리는 시기다.

　그래서 자신을 돌아볼 여유도 없이 인생이 무엇인지 몰라 허둥대며 자신의 진정한 목표와 비전을 생각하기도 전에 사회의 분위기에 따라 대학을 들어가고, 또 자신의 재능과 어울리지도 않는 취업을 하고, 그러다가 결혼을 하고 돈을 벌면서 가족을 부양하며 살아가게 되는 시기라고 볼 수 있다. 이때는 솔직히 인생의 주인이라기보다는 정해진 사회 시스템에 그대로 복종해야 하는 노예 아닌 노예로 살 경우가 훨씬 더 많은 시기인 것이다.

　하지만 이러한 모든 시스템을 통과하고 비로소 혼자 독립할 수 있는 시기가 바로 40대인 것이다. 그래서 이때부터 자신의 인생에 자신이 주인이 되어 살아갈 수 있게 되는 정말 중요한 시기인 것이다. 필자는 40대야말로 진짜 인생이라고 단언한다.

　공자는 자신의 40대의 나이를 회고하면서 불혹(不惑)이라고 말한 바 있다. 사람이 40세가 되어야 비로소 어떠한 유혹에도 흔들리지 않는 큰 마음을 체득하게 된다는 것이다. 맹자 역시 40대의 나이에 대해 부동심(不動心)이라고 말했다. 즉 인간은 40세가 되어야 비로소 어떠한 것에도 흔들리지 않는 마음을 가질 수 있게 되어 부동심의 삶을 살 수 있다는 말이다.

　세상의 온갖 것에 이리 흔들리고 저리 흔들리는 2, 30대 인생은 진짜 인생이라고 할 수 없다. 이때는 남들보다 더 많이 고생을 하고 남들보다 더 많이 실패를 경험해보고 남들보다 더 많이 흔들리고 남들보다 더 많이 실수를 했음을 감사해야 한다. 이런 것들이 고스란히 땅 속으로 깊이 뿌리를 내리는 동력이 되어주기 때문이다.

20대에 일찍 성공한 사람은 어떻게 보면 불행하다. 더 큰 성장이 힘들게 된다. 더 큰 발전이 힘들게 된다. 더 큰 자기계발이 힘들 수밖에 없다. 그래서 너무 일찍 성공해버린 이들에게는 인생의 후반부가 그렇게 즐겁지 않다. 이미 인생 최고의 날을 경험해버렸기 때문이다.

하지만 그렇게 큰 성공을 해 보지 않았던 우리들, 오히려 너무 많은 실패와 실수와 좌절을 겪은 우리들에게는 이제부터가 인생 최고의 날을 위해 힘차게 달려갈 수 있는 가슴 벅찬 진짜 인생이 펼쳐지는 것이다. 빨리 핀 꽃은 빨리 지게 되어 있고, 가장 아름다운 꽃은 가장 늦게 피는 법이다. 그래서 인생의 진면목은 인생의 산전수전을 다 겪은 후인 40세 이후에 드러날 확률이 크다.

봄에 아름다운 꽃을 피우기 위해서는 혹독한 겨울이 꼭 필요하듯, 우리가 가장 성공적인 삶을 살기 위해서는 혹독한 2, 30대의 시련과 실패와 아픔과 고난이 꼭 필요한 것이다. 큰 아픔과 시련과 실패를 겪어본 사람들과 2, 30대에 승승장구하면서 성공만 경험한 사람들과 차이가 나는 것은 진짜 인생 40대 이후의 인생부터이다.

너무 일찍 성공해버린 이들에게는 더 이상 아름다운 꽃을 피울 혹독한 환경이 없기 때문에 성장이 멈추고 발전이 멈춘 인생을 살게 되지만, 2, 30대의 혹독한 환경을 갖고 있는 이들에게는 얼마든지 아름다운 꽃을 피울 환경이 있어서 더욱 더 큰 발전과 성장이 있고 최고의 날이 기다리고 있는 것이다.

우리가 부끄러워해야 하는 것은 성공하지 못했다는 것이 아니다. 우리가 진정 부끄러워해야 하는 것은 평생 동안 단 한 번도 자신을 뛰어넘어 보기 위해 실패를 무릅쓰고 도전해보지 않았다는 것이다. 평생 동안 단 한 번의 실패도, 단 한 번의 거절도, 단 한 번의 좌절도 겪어보지 않은 사람은 인생을 낭비한 사람임에 틀림없다. 이것이 가장 부끄러운 인생이다.

이러한 부끄러운 인생을 살았다 해도 이제부터가 진짜 인생이기에 우리에게는 희망이 있다. 진짜 도전이 무엇인지 진짜 자신을 극복하고 자기를 뛰어넘는 도전하는 삶이 무엇인지 그 진면목을 보여줄 시기가 이제 우리에게 다가온 것이다.

기회는 준비하는 사람에게만 오는 것이다. 진짜 기회는 40대 이후에 오는 기회가 진짜 기회이다.

우리가 결혼을 할 때, 진짜 결혼할 상대는 연애에 대해 눈을 뜨게 되는 20대 초반에 만나는 상대가 아니라, 연애에 대해서 산전수전을 다 겪고 난 후인 20대 후반, 30대에 만나는 상대와 결혼할 공산이 크다. 이처럼 인생의 성공과 실패를 가늠할 수 있는 진짜 일생일대의 기회는 40세 이후에 오는 법이다.

40대야 말로 진짜 거인을 깨울 공부를 할 수 있는 시기이다

참된 공부 진짜 공부는 40대 공부다. 그것은 인생의 산전수전을 다 겪은 후에 사심이 없이 공부를 대할 수 있게 되기 때문이다. 일찍이 중국의 장자(張子)는 공부에 대하여 다음과 같은 말을 했다.

"출세할 생각으로 공부한다면 공부에 해가 된다. 그런 생각을 가지면, 반드시 이치에 맞지 않는 말을 하면서, 견강부회(牽强附會)하게 되므로 문제를 일으킨다. 공부하는 사람은 뜻이 작거나 기(氣)가 가벼워서는 안 된다. 뜻이 작으면 쉽게 만족하고 쉽게 만족하면 발전이 없다. 또 기가 가벼우면 모르는 것을 아는 체하고 배우지 않은 것을 배운 체한다."

40대는 인생의 풍파를 어느 정도 겪어본 사람들이기 때문에 뜻이 작지 않고 기가 가볍지 않다. 그리고 출세나 성공을 위해 대학 졸업장을 위해서 공부하는 20대와는 근본적으로 질적으로 다른 참된 공부를 할 수 있는 시기이다. 그러므로 인생의 쓴맛과 단맛을 다 맛 본 40대야말로 인생의 진짜 공부를 할 수 있는 것이다.

우리가 경계해야 할 공부 중에 하나가 인생의 수많은 경험이 어울러져서 재창조되는 공부가 아닌, 단지 사유에만 전적으로 의지하는 사변적인 공부이다.

이러한 공부의 폐해 때문에 우리나라에서도 몇 년 전부터 다양한 비즈니스 현장에서 오랫동안 실제 비즈니스 경험을 하고 인생의 산전수전을 다 겪어본 이들의 경험을 소중히 여겨서 법학전문대학원 제도가 시행되었다고 할 수 있다.

오직 책상에서 암기와 사유를 통해, 인생의 경험이 별로 없는 법대생들이 법적 지식을 머리에 집어넣기만 하면 판사가 되고 검사가 되는 폐해를 막기 위한 것이다. 이제 고지식하다고 할 수 있는 법조계에서도 인생의 경험이 매우 중요하다는 사실을 뒤늦게 깨닫고 경험과 지식이 제대로 어우러질 수 있는 제도를 시행한 것이라고 볼 수 있다.

인생의 모든 경험이 제대로 지식에 녹아들어 경험과 지식이 융합하고 통합하여 이전에는 미처 생각하지 못했던 멋진 인생이 만들어질 수 있는 진짜 공부는 40대 이후의 공부라고 할 수 있다.

아무리 재능이 있고 능력이 뛰어나고 머리가 좋다고 해도 20대가 생각하는 생각과 40대가 생각하는 생각은 차원이 다를 수밖에 없다. 왜냐하면 인생을 살면서 몸소 배우고 익히게 되는 경험과 체험은 그 어떤 것과도 비교할 수 없을 만큼 값진 것이기 때문이다. 그래서 40대 야말로 장자가 말한 공부하는 사람이 갖추어야 할 조건을 제대로 갖춘 시기인 것이다.

20대 청춘들은 에너지가 넘친다. 하지만 그 에너지가 너무 가벼워, 쉽게 경거망동하는 것을 우리는 알고 있다. 40대는 그러한 경거망동 하던 20대를 몸소 경험해봤다.

20대 때는 기가 가벼워서 모르는 것도 아는 체하지 않았던가? 알량한 자존심이라는 것 때문에.

그리고 20대 때는 작은 성공에도 너무나 경거망동하며 온 세상을 다 가진 듯 기뻐 날뛰지 않았던가?

세계적으로 가장 영향력 있는 경영 CEO 중 한 명인 세스 고딘은 자신의 명저 『린치핀(LINCHPIN)』이란 책을 통해서 다음과 같이 말했다.

"현대사회의 조직이라는 시스템이 현대인들의 창의성과 천재성 그리고 예술성을 말살시키는 주범이며, 그래서 학교나 기업이라는 조직에 있는 사람들은 언제나 대체 가능한 표준에 가까워지는 사람으로 길러지기 위해 항상 세뇌를 당하면서 자신의 무한한 잠재력을 모두 퇴보시키고 있다."

사회와 기업과 학교가 원하는 사람이 되기 위해, 즉 조직이라는 시스템에 끼워 맞추고 사회에 발맞추어 나가기 위해 피나는 노력을 하면서 스펙을 쌓고 자신의 창조성과 천재성을 죽이고 예술성을 억압해 오는 사람들이 바로 다름아닌 현대의 직장인들이라는 것이다.

뿐만 아니라 학교와 기업에서 배우고 있는 것들은 바로 기업과 조직에서 언제나 대체 가능한 표준적인 사람들을 만들기 위해서, 창의적이고 독창적인 생각을 하지 못하는 이른바 생각 없는 공장노동자들 직장인들로 세뇌하기 위한 거대한 사기라고 주장하기도 한다.

그의 말대로 공장의 노동자들 기업에 속한 직장인들은 무엇보다도 자신의 천재성이나 창의성을 발휘하지 않아도 생계가 보장되고 먹고 살 수 있도록 직장과 조직이 만들어주었다. 이러한 시스템이 수많은 천재들을 보통 사람으로 살아가게 만든 주범이며 그 주범의 가장 큰 시스템은 바로 '경제시스템' 이라고 할 수 있다.

특히 2, 30대 때는 수많은 기업과 학교에서 시키는 대로 잘 따르기만 하면 잘 먹고 잘 살 수 있다는 그러한 사회적 보장과 확실성을 얻는 대가로 자신의 참된 공부에 대한 자유와 권리를 포기하며 세상이 시키는 대로의 시험 공부 · 졸업 공부 · 취업 공부 · 승진 공부라는 공부의 가면을 썼지만, 참된 공부가 아닌 공부를 하며 스펙 쌓기에만 연연한 그런 시기라고 할 수 있다.

이러한 공부는, 자신을 보다 더 자신답게 만들지 못하고 자신의 강점을 더 강화시키지 못하고 그로 인해 자신을 뛰어넘어 더 훌륭한 사람으로 이끌지 못하게 하는 공부인 것이다. 오히려 사회와 조직이 원하는 더 표준에 가깝고, 누구라도 대체 가능한 그런 소모품에 불과한 사람을 만드는 것이다.

2, 30대에는 이러한 사회적, 조직적, 기업적 상황에서 벗어나 자신만의 공부를 하기가 쉽지 않다. 하지만 인생의 산전수전을 다 겪은 후인 40대야말로 비로소 사회적, 심리적으로 독립이 가능한 시기이며, 조직이나 기업 시스템에서 어느 정도 벗어날 수 있는 최고의 시기인 것이다. 그래서 이러한 사회적인 시스템에 영향을 덜 받을 수 있고 자신의 천재성과 예술성 그리고 창의성을 깨울 수 있는 공부를 할 수 있는 최고의 시기가 바로 40대인 것이다.

40대 때부터 새로운 제2의 진짜 인생을 살아야 한다는 사실을 영국의 대표적인 경영 사상가인 찰스 핸디는 자신의 저서 『코끼리와 벼룩 (The Elephant and The Flea)』이란 책을 통해 잘 말해주고 있다.

이 책에서 코끼리는 대기업이고 벼룩은 그 기업을 떠나서 홀로서기를 하며 살아야 하는 프리랜서를 의미한다.

과거 직장의 고용문화는 평생직장이었지만, 현대는 인터넷 시대의 도래로 인하여 고용 문화가 완전히 바뀌었다. 그로 인해 현대를 살아가는 사람들은 벼룩의 삶을 준비하면서 살아가야 한다는 사실을 잘 말해주고 있다.

벼룩으로 상징되는 포트폴리오의 삶은, 일하는 시간이나 휴식 시간 업무량이나 마감 시간 등을 모두 스스로 결정할 수 있다는 자유를 누릴 수 있지만 소속감의 상실에 따른 공허와 두려움을 느낄 수 있다.

그래서 이러한 부정적인 감정에서 탈출하기 위해서는 균형 잡힌 포트 폴리오를 구축해야 한다는 것이다. 그가 말하는 균형 잡힌 포트폴리오는 돈을 벌 수 있는 일과 자원 봉사 · 집안 일 · 운동 · 학습(공부)과 같은 5가지 유형의 활동이다.

현대 경영에서 가장 영향력 있는 경영 사상가 중의 한 사람인 찰스 핸디도 학습, 즉 공부의 중요성에 대하여 말하고 있다.

"모두에게 보다 나은 교육을 제공한다면 어려운 가정에 도움을 줌으로써, 나중에 우리 사회가 더 많은 경찰과 감옥과 간호인에게 돈을 낭비하지 않을 수 있다. 결국 우리 모두에게 보상이 돌아오는 것이다."

『프리에이전트의 시대가 오고 있다』의 저자 다니엘 핑크도 20세기가 대표적인 조직인간, 즉 직장인들이 경제의 주체였던 시대라면, 21세기는 프리에이전트가 경제의 주체가 되는 시대가 될것이라고 단언한다. 그가 말하는 프리에이전트는 어떤 사람일까? 그는 다음과 같이 정의한다.

"아침에 출근하고 저녁때 돌아오는 고용주가 있는 단일하고 정규적이며 연중 지속되는 영속적인 일자리를 갖고 있지 않은 직업."

무엇보다 그가 말하는 프리에이전트는 어떠한 일을 하느냐 하는 일의 유형을 가리키는 것이 아니라, '삶의 방식'을 가리킨다. 즉 '독립 근로자'로서 조직에 종속되어 출세나 돈에 연연해 하며 그러한 것들로 성공 여부를 판단하는 직장인들과는 달리, 자유나 열정·일에 대한 사랑·삶에 대한 균형 등 정신적인 면을 더 중요시하며 자신이 스스로 정한 스케줄에 따라 자유롭게 일을 하는 사람들을 말한다.

이러한 시대적 변화를 맞이하고 있는 우리들에게 40대 공부는 선택이 아니라 이 시대를 살아가기 위한 필수 전략이 아닐 수 없다.

>> 가장 중요한 사람

세상에 중요하지 않은 사람은 없습니다. 모든 축복과 기회는 사람으로부터 오는 것입니다. 세상에서 가장 강한 사람이라도 세상에서 가장 약한 사람에게 도움을 청할 때가 있는 법입니다. 눈앞의 사람이 지금 가난하고 비천한 처지에 있다 하더라도 그를 존중하고 소중히 대하세요. 언젠가는 그가 당신에게 날개를 달아줄 사람이 될지도 모를 일입니다. 모든 사람을 소중히 여기고 존중하세요. 지금 당신 눈앞에 있는 사람이 당신에게 가장 소중하고 중요한 사람입니다.

- 『나를 위한 하루 선물』 중에서

인생의 성공과 실패는
40대 공부에 의해 결정된다

『생각의 지혜』란 책의 저자 제임스 앨런은 성공과 실패에 대해 매우 중요한 한 가지 교훈을 말하고 있다. 그가 주장하고 있는 성공과 실패에 대한 교훈 중 하나는 '성공과 실패는 바로 우리의 생각에 전적으로 달려 있다.' 라는 것이다.

우리가 어떤 생각을 하느냐에 따라, 그 생각과 동일한 종류의 삶을 우리는 살아간다는 것이다. 그래서 우리가 긍정적인 생각을 하게 되면 우리의 삶도 긍정적인 삶으로 바뀌게 되고, 반대로 우리가 부정적인 생각을 하게 되면 우리의 삶도 부정적인 삶으로 바뀌게 된다는 것이다. 소가 수레를 이끌 듯 우리의 생각은 우리의 삶을 이끈다는 것이다.

'성공과 실패는 우리의 생각에 전적으로 달려 있다.'

우리가 생각을 좀 더 구체적으로 좀 더 현명하게 좀 더 크게 좀 더 넓게 좀 더 위대하게 좀 더 성공적으로 좀 더 긍정적으로 한다면, 우리의 인생도 역시 좀 더 구체적이 되고 좀 더 현명하게 되고 좀 더 큰 인생이 되고 좀 더 넓은 인생이 되고 좀 더 위대한 인생이 되고 좀 더 성공적인 인생이 되고 좀 더 긍정적인 인생이 된다는 사실이다.

그러나 문제는 이러한 생각을 우리가 스스로 바꾸기가 매우 힘들다는 것이다. 하지만 전혀 불가능한 것은 아니다.

우리의 생각이 전적으로 바뀌는 것은 우리가 사용하는 어휘의 수준과 우리가 접하고 경험하게 되는 세상의 넓이와 만나는 사람에 달려 있다고 할 수 있다.

바로 이 대목, 즉 우리의 생각을 우리들은 바꾸기가 쉽지 않다는 사실과, 인생을 40년 동안 살아오면서 사고의 틀이 굳을 대로 굳은 40대들은 그것이 더욱 더 심한 현상으로 존재하고 있다는 점이다.

바로 이 점에서, 우리의 인생의 성공과 실패를 결정하는 것은 바로 40대 공부라는 점이 더욱 더 명확해지고 설득력을 얻게 된다. 왜냐하면, 인생의 2, 30대까지는 근근이 10대를 거쳐서 20대에 해놓은 공부를 통해서 십 년 정도 길게는 이십 년 정도를 버틸 수 있었지만, 인생 40이 되면 이십 년 전에 해놓았던 공부가 더 이상 우리의 삶과 우리의 사고에 큰 영향을 줄 수 없는 먼 과거의 일이 되어버리는 시기이기 때문인 것이다. 그래서 40대 공부를 해야만 하는 것이고 40대 공부를 통해서 정형화되어 굳어져버린 우리의 사고의 틀을 과감하게 깨어 부수고 유연하고 창의적이며 현대적인 사고의 틀로 다시 만들어 나갈 수 있게 되는 것이다.

우리의 사고를 결정 짓는 것은 바로 우리가 체험한 경험과 지금까지 습득한 지식을 통해 알고 있고 그리고 우리가 배우고 익힌 우리의 언어와 어휘력이라는 사실을 알아야 한다. 물론 여기에 폭 넓은 인생의 경험과 접해본 많은 사람들이 첨가되고 융합된다면, 그 이전에는 한 번도 생각해볼 수 없었던 그러한 높은 사유의 경지에까지 이르게 되어서 놀라운 창조력과 응용력이 비로소 샘 솟게 되는 것이다.

이러한 이유로 인해서 위대한 문학가들의 경우 대부분 중년을 지나 노년에 최고의 걸작들이 많이 창작되었던 것이다.

물론 어휘력이 사고력을 증가시킨다는 주장에 반대하는 학자들도 있다. 하지만 우리가 사고를 좀 더 구체적으로 좀 더 잘 하기 위해서는 반드시 어휘력이 필요하다.

어휘력이 사고력을 증가시킨다는 것은 필자의 경험과 사회생활을 통해 절실하게 동감하는 사실이다.

위대한 성공을 한 사람들을 대상으로 어휘력 수준을 측정한 적이 있었다. 이 연구 결과에서 매우 특이한 점은, 큰 성공을 이룩한 사람들은 대부분 그 사람의 학력에 상관없이 폭 넓고 풍부한 어휘력을 가지고 있다는 점이다. 이 연구 결과에 따르면, 어휘력의 수준이 높은 사람일수록 그만큼 생각하는 힘이 높아서 인생의 수많은 선택의 기로에서 그렇지 못한 사람보다 훨씬 더 올바른 선택을 한다는 것이다. 그리고 어휘력이 높은 사람들은 우리가 살면서 만나게 되는 많은 인생의 문제를 그렇지 못한 사람들보다 훨씬 더 잘 대응하며 잘 대처해 나가며 살아간다는 결과 또한 눈여겨보아야 할 것이다.

공부를 통해 우리는 어휘력을 확장시킬 수 있다. 인간의 의식과 삶의 수준은 자신이 평상시에 쓰는 말에 좌우된다. 그러므로 이 의식과 삶의 질은 바로 어휘의 질에 의해 좌우된다고 해도 과언이 아니다. 이러한 점에서 어휘력은 바로 사고력과 직결된다고 말할 수 있다. 그리고 그러한 어휘력은 바로 공부를 통해 향상시킬 수 있으며, 뿐만 아니라 공부를 통해 우리는 직접적으로 사고의 폭을 넓힐 수 있다.

성공을 넘어 인생을 좀 더 풍요롭고 다채롭고 깊고 넓게 살고 싶다면 우리는 공부를 해야 한다. 왜냐하면 그와 같은 인생을 살 수 있게 해주는 것은 바로 우리의 사고의 수준과 직결되기 때문이다. 이러한 사고의 수준을 결정짓는 것은, 그 사람의 경험과 더불어 자신을 성장시키는 원동력인 공부인 것이다.

20대 때 아무리 공부를 해도 그것이 인생의 성공과 실패를 결정지을 수 없다. 그것은 인생에서 다양한 경험을 해보지 못한 나이이기 때문이다. 우리가 살면서 겪게 되는 다양한 경험들은, 우리들을 성장하게 하며 성공하게 하고 부와 재물을 가져다 주는 역할을 한다. 하지만 결코 인생 경험만 있다고 해서 다 성공하는 것이 아니다.

즉 인생의 경험이, 부·재물·성공·성취·권력의 동의어는 아니라는 것이다.

옛말에 '구슬이 서 말이라도 꿰어야 보배' 라는 말이 있다.

부와 재물, 성공과 성취를 가져다 줄 인생 경험을 잘 엮고 잘 꿰어서 그것 자체가 보배가 되게 하기 위해서는 그것을 잘 엮고 잘 꿸 수 있는 안목과 능력이 반드시 필요한 것이다.

그런데 그 안목과 능력이 바로 공부를 한 사람에게는 길러지게 되어 있지만, 공부를 하지 않은 사람들에게는 절대로 길러지지 않는다는 것이다. 그렇기 때문에 공부를 하고 안 하고의 차이는 성공하느냐, 그냥 자신의 귀한 경험을 저버리느냐 하는 엄청난 차이가 발생하는 것이다.

>> 변화의 필요성

당신이 지금까지 해왔던 대로 계속한다면 당신은 지금까지 얻었던 것만을 얻을 수 있을 것입니다. 지금까지와는 다른 삶, 더 높은 삶의 질을 얻고자 한다면 가장 먼저 자신이 변화해야만 합니다. 자신이 변화하지 않고 변화된 삶을 얻을 수는 없기 때문입니다. 변화를 추구하고 변화를 선택하십시오. 인생의 모습 또한 변화된 당신에게 맞추어 변화될 것입니다.
- 『나를 위한 하루 선물』 중에서

40대여, 다시 한 번 공부에 미쳐라

우리가 40대에 다시 한 번 공부에 인생을 걸어야 하는 이유는 너무
나 많다. 그래서 이 책의 모든 장마다 왜 40대에 다시 한 번 공부에 인
생을 걸어야 하고 공부에 미쳐야 하는지에 대해 여러 가지 사례를 통
해서 설명하고 있다. 그리고 이번 장에서도 그 수많은 이유 중에 하나
를 밝히고자 한다.

우리가 40대에 다시 한 번 공부에 미쳐야 하는 수많은 이유 중 하나
는 우리가 살아가는 이 시대는 더 이상 샐러리맨의 시대가 아닌, 프리
에이전트(Free Agent)의 시대이기 때문이다.

프리에이전트란 이제 더 이상 야구나 축구, 농구 등에서 몸값이 비
싼 자유계약선수만을 지칭하는 말이 아니다. 조직이나 기업체의 관리
와 굴레로부터 벗어나 자유롭게 자신의 미래를 스스로 책임지는 독립

노동자 전체를 아우르는 말이 되었다. 그 이유는 분명하다. 현대는 더 이상 과거처럼 기업들이 그들을 평생 직원으로 대하지 않기 때문이다.

세스 고딘이 자신의 저서 『린치핀』에서 언급했듯이, 기업에서 직원들은 더 이상 대체 불가능한 존재들이 아니다. 누구라도 대체가 가능한 소모품에 불과한 시대에 살고 있다는 것을 알아야 한다.

미국의 뉴웨이브 경제지 『패스트 컴패니(Fast Company)』의 편집위원인 대니얼 핑크(Daniel Pink)는 20세기의 경제의 주체가 샐러리맨과 같은 조직에 포함된 조직원, 즉 회사원이나 직장인들이었다면, 21세기의 경제의 주체는 프리에이전트라고 단언했다. 그리고 미국에서는 노동인구의 30%가 이미 프리에이전트들이다. 뿐만 아니라 현대 경영학의 창시자인 피터 드러커 박사의 주장대로 현대사회는 이미 지식사회로 접어들었기 때문에 지식을 기반으로 한 1인 창조 기업의 열풍이 불고 있으며 앞으로 이러한 창조기업은 더욱 더 확대될 수 밖에 없는 세상이 될 것이라고 한다.

과거에는 개인에게 생산수단이 없었다. 하지만 컴퓨터를 가지고 있는 현대의 사람은 누구나 엄청난 생산도구를 가지고 있는 셈이 되어버렸다. 그 결과 이제는 누구라도 생산자, 창조자가 될 수 있을 뿐만 아니라 1인 기업 CEO가 될 수 있다.

아이패드, 아이폰 등의 스마트폰과 스마트 기기의 열풍으로 인하여 덩달아 1인 출판시대가 활짝 열렸다고 할 수 있다. 물론 전자책이 아직은 종이책을 대체할 정도로 인기가 있는 것은 아니지만 여기서 말하고자 하는 점은 그 동안은 개인이 출판을 하는 것은 불가능했다. 하지만 이제는 개인이 혼자서 1인 출판을 할 수 있는 시대라는 점이다.

우리가 직장에 충성을 다하여 높은 실적을 내고 회사가 진정 원하는 프로젝트를 성사시킨다고 해도 회사가 우리의 40대 이후를 절대 보장해주지 않는다라는 사실이 우리가 40대를 전후하여 공부에 다시 한 번 미쳐야 하는 이유 중 하나인 것이다. '평생직장'이란 말이 이제 과거의 말이 되어버렸다.

가장 멋진 인생은 다시 한 번 도전할 수 있는 인생이다. 그것도 수많은 시련과 실패를 겪었음에도 불구하고, 다시 한 번 더 도전하는 인생이다. 그리고 멋지게 다시 한 번 더 도전하기 위해서 가장 필요한 것은 열정도 의지도 아니다. 바로 공부인 것이다. 열정과 의지만으로는 1인 창조 기업을 만들 수 없고, 1인 출판을 할 수 없고, 프리에이전트가 될 수 없다.

공부를 통해서만이 자신만이 잘할 수 있는 분야에 뛰어 들어서 실력을 쌓고 내공을 쌓고 창의성을 기르고 세상과 자신을 보는 안목을 기르고 자신의 연약함과 두려움을 뛰어넘어 도전할 수 있는 힘을 기를 수 있기 때문이다.

앞으로 우리가 살아가야 하고 경쟁해야 하는 시대는, 지식이나 기술보다 상상력과 창의성이 더 중요한 시대가 될 것이다. 열정과 의지, 노력만으로는 이러한 것들을 기를 수 없다. 반드시 사고의 확장과 유연성을 길러 주고 넓은 세계와 우주를 통찰할 수 있게 해주며 자신의 편협한 사고방식을 긍정적 사고방식으로 바꿀 수 있는 방법은 오직 공부뿐인 것이다. 이것이 40대가 공부해야 하는 또 하나의 이유다.

'가장 높은 곳에 도달하려면 가장 낮은 곳부터 시작해야 한다.' 라는 깨우침을 주는 고대 로마의 철학자 시리우스의 말처럼, 우리가 40대에 다시 한 번 공부에 미쳐야 하는 이유는 우리의 인생 후반에 가장 높은 곳에 도달하기 위해서이다. 그렇다고 해서 세속적인 성공의 잣대로 가장 높은 곳이 아니라, 한 인간이 성장하고 발전할 수 있는 인간됨과 인생의 가장 높은 곳에 도달하기 위해서이다.

우리가 40대에 다시 한 번 공부에 온몸을 던져야 하는 이유는 인생 초반의 성공이나 행운에 더 이상 우리의 인생을 내맡겨서는 안 되기 때문이다.

인생 초반에 쌓아 올린 재능이나 실력, 학식을 절대 과신해서는 안 된다. 아무리 좋은 학벌을 가지고 있고 아무리 좋은 대학의 졸업장을 가지고 있다고 해도, 졸업한 지 10여 년이 지난, 40대에는 누구나 동일한 선상에서 다시 시작해야 하는 시기이다.

그래서 40대에 공부를 한 사람과 전혀 하지 않고 20대에 해놓은 공부에 의지하는 사람은 종국에는 하늘과 땅 차이의 결과를 얻게 될 것이다.

40대에 다시 공부에 미칠 수 있는 사람은 대부분 겸손한 인격을 소유한 자일 것이다. 자신이 부족하다는 사실을 누구보다 잘 알고 있는 지혜로운 사람일 것이다. 그렇기 때문에 40대에 공부를 다시 시작 할 수 있는 사람은 5, 60대, 심지어 70대에도 큰 발전과 성장이 기대 되는 사람들이다. 이런 사람들에게는 언제나 열정이 있고 배움이 있고 희망이 있다. 그래서 이런 사람들은 쉽게 늙지 않으며 언제나 청춘으로 살아가는 것이다.

하지만 40대의 나이에 무슨 공부냐고 말하며, 20대에 해놓은 공부와 10년도 더 지나버린 젊은 시절에 획득한 졸업장만 믿고 공부를 하지 않는 사람들은 스스로 자신의 삶을 더욱 더 비참하게 옭아매는 어리석은 사람들이 아닐 수 없다. 그들이 가장 비참한 것은 더 이상 발전과 성장이 없는 사람들이라는 것이다.

히브리어로 학자라는 말은 '람단'이라고 한다. 이것은 '알고 있는 사람', 즉 '지식이 많은 사람'이라는 뜻이 아니라, '배우는 사람'이라는 뜻이다. 즉 학자는 계속 공부하는 사람이기 때문에, 배움을 멈추지 않는 사람인 셈이다. 우리는 이러한 사람이 되어야 한다.

인간의 평균수명이 80세에 육박하고 있는 이 시대에, 인생 40은 인생의 멋진 후반부를 새롭게 다시 준비하며, 또 다른 인생을 한 번 더 살기 위해서 제2의 학과를 선택하고 제2의 졸업장을 준비해야 하는 시기인 것이다. 우리에게 주어진 이 멋진 세상을 우리는 잘 이해할 필요가 있다. 인류 역사상 지금처럼 이렇게 많은 사람들에게 다양한 기회와 가능성이 열렸던 시기는 없었다고 필자는 단언한다.

인터넷과 정보기술의 발달로 우리는 대한민국의 어느 도시에서는 물론이고 심지어 두메산골의 골방에서도 초고속 인터넷을 통해서 무료로 세계 최고의 대학들의 강의를 수강할 수 있는 시대에 살고 있다. 인류 역사상 지금처럼 인터넷과 정보기술과 교육 여건이 향상된 적이 없었다. 특히 역사상 한국인들이 지금처럼 세계 속에서 잘 나가고 있었던 때는 없었으며 지금처럼 한국인들이 부유하고 생활수준이 높아진 적은 없었다.

공부를 통해, 이제 우리는 무엇이라도 할 수 있는 가능성의 시대에 살고 있다. 불과 십 년 전에는 상상도 못했던 1인 출판시대가 열렸다. 그리고 1인 기업시대가 열렸다. 누구라도 열심히 책을 읽고 공부를 하고 연습을 한다면 개인이 출판사를 만들어서 자신의 책을 출판할 수 있는 시대가 되었고, 누구라도 경영서적을 읽고 공부하면 세계 최고의 MBA들과 동일한 경영 지식을 습득하는 것이 가능한 시대가 되었다. 누구라도 전혀 다른 분야의 일을 한 경험을 가지고 법학 공부를 40대에 시작한다면 법학전문대학원에 입학하여 변호사나 검사가 될 수 있는 길이 바로 한국 사회에 활짝 열린 것이다.

자신의 꿈이 무엇이든 언제라도 그 꿈을 향해 도전할 수 있는 나이 파괴 붐이 열리고 있는 것이다. 현대는 자신의 실력과 열정과 의지가 중요한 시대인 것이다.

인생 40대, 다시 한 번 공부에 미쳐야 할 이유가 있는 것이다.

조선 후기 실학을 집대성한 다산 정약용은 우리가 공부해야 할 이유에 대해 다음과 같이 명확하게 말한 바 있다.

"백 년도 못 되는 인생, 공부를 하지 않는다면 이 세상에 살다 간 보람을 어디서 찾겠는가?"

다산은 이처럼 세상을 살았던 보람을 공부를 해야 하는 이유 중 하나라고 말하고 있다. 그리고 그는 또 다음과 같은 말을 했다.

"사람이 세상에 태어나서 책도 읽지 않고(공부를 하지 않고) 무슨 일을 도모하겠는가?"

다산은 세상의 어떤 일을 하더라도, 그 근본과 토대가 되어주어야 할 것이 바로 공부라고 주장했다.

그의 말대로, 인생을 살다 간 보람으로써 공부를 해야 하고 어떤 일을 하더라도 그 근본은 공부에서 시작되어야 한다. 그리고 인생의 반을 살아온 40대들은 이제 새로운 또 하나의 인생을 준비하고 꿈꾸고 날아올라야 한다. 세속적인 출세나 성공, 부와 지위가 아닌, 참된 자기를 완성시키고 발전시키기 위한 공부, 참된 인생의 보람을 찾기 위한 공부, 자신을 뛰어넘기 위한 공부, 세상 모든 일의 근본이 되고 시작점이 될 수 있는 그러한 차원이 공부를 해야 하는 시기가 바로 40대인 것이다.

40대여, 다시 한번 공부에 미쳐라.

이것이 인생을 제대로 살아갈 수 있는 최대의 비결이며 큰 꿈을 다시 꿀 수 있게 만들어주는 힘의 원천이다. 또한 40대 공부가 매우 중요한 이유는 40년 동안 살면서 고정되어버린 사고의 틀과 자신의 기질을 변화시킬 수 있는 최고의 방법이 바로 공부이기 때문이다.

중국의 장자(張子)는 말했다.

"爲學大益, 在自求變化氣質(위학대익, 재자구변화기질)."
'배움(공부)이 크게 이롭다는 것은 그것을 통해 자신의 기질을 변화시킬 수 있기 때문이다.'

우리는 40년 동안 살면서 사고의 틀이 고착화되어 있기 때문에 유연한 사고를 하기가 쉽지 않다. 하지만 그러한 사고의 틀을 깨어 부수고 유연한 사고를 할 수 있도록 해주는 것이 바로 공부의 위력이다. 자신의 나쁜 기질과 습관을 또한 변화시킬 수 있게 해주는 것이 바로 공부인 것이다.

참된 공부는 지식을 쌓고 자격증을 획득하고 졸업 시험에 합격하고자 하는 공부가 아니라, 우리의 사고의 틀을 깨어 부수고 상상력과 창의성을 무한대로 확장시켜줄 수 있는 공부라고 말할 수 있다.

세계 인구의 0.2%밖에 되지 않는 유대인들 가운데 천재들이 그렇게 많은 것도, 즉 그들이 세계 최고의 대학의 학생 비율을 30%나 차지하고 노벨상의 39~40%를 수상하며 전 세계의 부를 휩쓸고 있는 이유도, 그들의 지식이 아닌 상상력을 더 중요시하는 교육 습관 때문이라고 감히 필자는 말할 수 있다.

한국인들이 대단한 교육열로 자녀들에게 엄청난 공부를 시키고 있지만 그것은 지식을 쌓기만 하는 편향된 공부라고 할 수 있다. 그러나 유대인들은 그들의 높은 교육열을 통해서 지식이 아닌 지혜를 자녀들에게 창출해 내는 법을 가르쳤다. 즉, 남과 다른 생각을 할 수 있는 유연한 사고방식과 무한한 상상력과 창의성을 자녀들에게 길러주는 균형 잡힌 공부를 하도록 유대인들은 질문을 중시했던 것이다.

40대, 다시 한 번 공부에 미쳐야 한다. 하지만 자격증이나 취업을 위한 스펙 쌓기 공부를 해서는 안 된다. 이것은 단기적으로 유익을 줄 수 있지만, 이러한 공부는 또다시 자신을 궁지로 모는 공부가 될 뿐이다. 40대 공부는 자신의 편협되고 고정된 사고의 틀을 깰 수 있는 공부다. 이 세상의 위인들과 많은 사람들의 사고(思考)를 빌려서 사색해보고, 세상을 지금까지와는 다른 사고의 방식으로 세상을 바라보는 연습을 해야 한다. 그렇게 하기 위해서는 많은 책들을 접해봐야 하고, 많은 음악을 접해봐야 하고, 많은 그림을 접해봐야 하고, 많은 사람들을 접해봐야 하고, 많은 예술을 접해봐야 한다. 우리가 접해본 것들의 결과물이 우리이기 때문이다.

40대, 진정 공부를 즐길 수 있는 시기

인생을 살면서 참된 공부를 통해 진정으로 공부를 즐길 수 있는 시기는 40대임을 알아야 한다. 지금까지 우리의 공부는 출세 하기 위한 공부, 졸업장을 위한 공부, 부모님을 위한 공부, 남에게 보여주기 위한 공부, 즉 위인지학(爲人之學)이라 할 수 있다.

너무 쉽게 다른 집 아이들과 내가 비교되고 또한 부모님들은 너무 쉽게 그런 만행(?)을 저지르기 때문에, 우리는 진정 우리 자신을 위한 공부를 할 수가 없었다. 남들에게 뒤쳐지지 않기 위한 공부를 해야만 했다. 그것이 진정 행복한 길이고 남보다 나은 삶을 위한 길이라고 배웠기 때문이다.

하지만 인생의 산전수전을 겪은 나이인 40대는 비로소 타인과 비교를 위한 공부가 아닌 진짜 공부를 할 수 있다. 오롯이 자신을 위한 공부, 즉 위기지학(爲己之學)을 할 수 있는 시기라는 점이다. 무엇보다 시험이 없기 때문에 진정 즐기면서 공부를 할 수 있는 것이다.

남에게 뒤처지지 않기 위해서 하는 공부가 아니라 자신의 성장과 발전 그리고 인생의 후반부에 제대로 된 멋진 인생을 살아가기 위한 공부, 그리고 출세를 위한 공부가 아니라 참된 자아 완성을 위한 공부를 할 수 있다. 이와 같이 40대는 무엇보다 공부를 즐길 수 있는 가장 좋은 시기라는 점이다.

『공부의 기쁨이란 무엇인가』라는 책에 보면 다음과 같은 글이 있다.

'삶은 배움이고 배움을 통해서만 창조적인 삶에 도달하며 창조적인 삶이야말로 세상에서 가장 큰 기쁨을 안겨 준다.'

세상에서 가장 큰 기쁨을 안겨주는 것은, 무엇인가를 새롭게 창조해 내는 삶이며 이러한 창조적인 삶을 살기 위해 가장 필요한 것이 배움, 즉 공부라는 것이다. 그리고 이 책에는 다음과 같은 매우 귀중한 지혜의 가르침이 담겨 있다.

"끝까지 공부할 수 있는 힘은 오로지 즐기는 것뿐이다."

이 말은 또한 공부뿐만 아니라 무엇을 하든지 열심히 하는 자보다는 그것을 좋아하는 자가 더 낫고, 좋아하는 자보다는 그것을 오롯이 즐길 줄 아는 자가 훨씬 더 낫다라는 말에 대한 추가 설명이기도 하다.

출세를 위해 돈벌이를 위해서, 명예나 간판을 위해서 열심히 공부하는 사람이 나쁜 것은 아니지만, 공부 그 자체를 좋아하는 사람이 결과적으로는 더 나을 수밖에 없을 것이다. 또한 결과보다도 공부하는 과정에서 얻게 되는 최고의 기쁨은, 공부를 의무로 힘겹게 하는 사람들은 도저히 상상도 못하는 큰 기쁨인 것이다.

공자(孔子)는 공부의 기쁨에 대해 다음과 같이 말하였다.

"學而時習之 不亦說乎(학이시습지 불역열호!)"
"배우고 때로 익히면, 또한 기쁘지 아니한가!"

공자는 무엇보다 배움의 기쁨에 대해 제대로 깨달은 위인 중 한 명이라고 볼 수 있다. 공자는 또한 공부를 멈추어서는 안 되며 끝까지 해야만 한다는 사실에 대해서도 다음과 같이 말했다.

"학문을 하는 것은 산을 만드는 것과 같다. 마지막 흙 한 삼태기를 붓지 않아 산을 못 이루더라도 중지하는 것은 내가 중지하는 것이며, 평지에 흙 한 삼태기를 붓더라도 그 나아감은 내가 나아가는 것이다."

20대 공부는 출세를 위한 공부라고 할 수 있다. 대학입시를 위한 공부 · 졸업을 하기 위한 공부 · 학점을 위한 공부 · 자격증을 위한 공부 · 면접을 위한 공부 · 취업을 위한 공부 · 승진을 위한 공부와 같이 하나

같이 세상에서 좀 더 자신의 평안한 안위를 위한 공부를 하는 것이다. 하지만 40대 공부는 이러한 출세를 위한 공부보다는 진정 공부의 참된 의미를 깨닫고, 사람으로서 공부하지 않는다는 것이 얼마나 큰 낭비이며 손해인지를 몸소 느끼고 나서야 하는 공부이기에 사심이 없는 공부인 것이다.

장자(莊子)는 다음과 같이 공부에 대하여 말하였다.

"출세할 생각으로 공부한다면 공부에 해가 된다. 그런 생각을 가지면, 반드시 이치에 맞지 않는 말을 하면서, 견강부회(牽强附會)하게 되므로 문제를 일으킨다."

현재 대한민국을 이끌어 가는 사람들. 정치, 경제, 문화, 법조 등.
그들이 이끌어 가는 대한민국이 혼란스러운 것은 바로 이러한 공부의 잘못 때문에 야기한 것이라고 필자는 단언한다. 출세할 생각으로 하는 공부는 그다지 인생에 도움이 되지 않는다. 출세할 목적을 가지고 있기 때문에 참된 공부의 의미와 가치를 망각하게 되고 공부를 오롯이 즐길 수 없게 된 것이다.
참된 공부의 기쁨은 누가 말로 가르쳐준다고 해서 배울 수 있는 것이 아니다. 그리고 한국 사회에는 공부에 도통한 학생들, 소위 시쳇말로 공부의 신들이 너무 많다. 물론 그들에게는 공부가 인생에서 제일 쉽기 때문에, 남들은 한 번도 못하는 일등을 밥 먹듯이 쉽게 해버리는 학생도 있는 것이 사실이다. 또 어떤 학생은 공부의 테크닉이 좋아서 적게 공부하고도 성적이 잘 나오는 학생도 있는 것이 사실이다. 또 어떤 학생은 자신만의 공부법을 개발하여 그야말로 공부의 신이 된 학생도 있다고 한다. 하지만 이러한 공부의 신들이 있음에도 불구하고 참된 공부의 기쁨을 그 학생들이 오롯이 제대로 알고 있고 누리고 있다고 100% 확신할 수는 없다. 왜냐하면 공부의 참된 기쁨은 성적이 잘 나오고 일등을 하고 결과가 좋기 때문에, 공부가 제일 쉬웠다고 말하고 공부가 제일 재미있었다고 말하는 수준의 기쁨이나 성취감이 아니기 때문이다.

소위 말하는, 공부의 신들이 공부를 열심히 했음에도 불구하고 성적이 잘 나오지 않아서 좋은 대학교에 우수한 성적으로 입학하지 못했다면 그들이 과연 공부가 제일 쉬웠다고 말할 수 있었을까?

우리나라의 공부 문화의 문제점은 너무 결과 위주에 편중되어 있다는 것이다. 물론 결과도 중요하지만, 그것보다 더 중요한 것은 공부하는 자의 자세와 과정이 아니겠는가.

한국 사회에서는 이것을 인정하지 않고 있다. 그래서 많은 학생들이 공부의 기쁨보다는 공부의 부담을 더 느끼고 있는 실정이다. 그 대표적인 예로, 대한민국의 미래를 짊어진 학생들이 대학교에 입학하면, 고3 때보다 더 적게 공부를 하고, 대학을 졸업하면 공부를 거의 하지 않고 공부와 담을 쌓고 마는 이유가 바로 그것이다.

지금 한국 사회에는 초등학교, 심지어 유치원생부터 영어와 수학 공부를 위해 학원이나 공부방에 나가서 공부하지 않는 학생들은 찾아보기 힘들 정도로 공부의 기쁨을 제대로 누릴 틈이 없는 것이다. 그래서 공부의 기쁨이란 말을 하면, 거부감부터 느끼는 학생들이 많다는 사실이 매우 쓸쓸할 수밖에 없다. 하지만 인생의 모든 시련과 역경, 실패와 성공을 맛본 인생 40대는 공부를 대하는 태도와 자세가 근본적으로 다를 수밖에 없는 것이다.

수많은 40대들이 20대에 공부를 열심히 하지 않은 것을 한탄하는 것을 많이 보아왔다. 하지만 이것도 문제의 발언이 아닐 수 없다. 이런 사람들이 20대에 공부를 열심히 하지 않은 것을 한탄하는 가장 큰 이유가 학창 시절 때 공부를 조금만 더 열심히 했더라면, 지금보다는 좀 더 편하게 좀 더 부유하게 좀 더 잘 살수 있었을 것이라고 후회하기 때문이다. 하지만 공부는 단지 출세의 수단이나 좀 더 잘 먹고 잘 살기 위한 그러한 세속적인 인생의 수단에 불과한 것이 아니다.

공부는 인간으로 태어나서 소위 한국인들이 입버릇처럼 말하게 되는 '민족중흥의 사명을 띠고' 이 땅에 태어나는 것보다 더 위대한 사명, 즉 자신을 좀 더 발전시키고 성장시켜서 자신의 한계를 뛰어넘기 위해 해야만 하는 위대한 것이다.

이렇게 위대한 것이 바로 공부(工夫)인 것이다. 그리고 그러한 공부를 통해 얻게 되는 자신의 성장과 발전 그리고 나아가서 자신의 한계를 뛰어넘어서 과거에는 상상도 못했던 일을 해낼 수 있는 자신의 발전된 모습을 볼 때, 공부의 희열을 느끼게 되는 것이다. 과거에는 도저히 알 수 없었던 위대한 진리를 공부를 통해 깨닫게 될 때 느끼는 환희인 것이다.

과거에는 도저히 이해가 되지 않았던 인생과 인간관계의 복잡한 문제들이 이해가 되고 원리가 눈에 보일 때 느끼게 되는 쾌감인 것이다. 공부를 통해서 과거에는 도저히 상상도 못했던 큰 그릇의 자신의 성장된 모습을 보게 될 때 느끼는 것이 공부의 성취감인 것이다.

이러한 공부의 기쁨을 수학 공식 하나 외우고 못 풀던 수학 문제 하나를 풀게 될 때 느끼는 희열로 착각해서는 안 된다. 이런 류의 희열은 참된 공부의 기쁨의 환희의 문에 들어가기도 전에 그 문 앞에서 누리게 되는 맛보기에 불과한 것이다.

공부를 통해, 자신이 원하던 대학에 입학을 하는 것이 공부의 기쁨의 전부라고 생각해서는 안 된다. 자신이 원하던 직장이나 직업을 갖게 되는 것이 공부의 기쁨의 전부라고 생각해서는 안 된다. 이런 것들은 공부의 기쁨이라고 말할 수 없다. 왜냐하면 이런 것들은 공부를 통해 흘러 나오는 하나의 작은 부산물에 불과하기 때문이다.

우리나라 사람들이 공부의 기쁨을 제대로 누리지 못하는 가장 큰 원인은 공부의 부산물을 공부의 주산물로 여겼기 때문이다. 공부를 통해 성공하고, 공부를 통해 부를 얻게 되고, 공부를 통해 명예를 얻게 되는 것은 모두 공부를 통한 부산물이다. 하지만 한국 사회에서는 이러한 것들이 공부를 통해 얻게 되는 주산물로 인식되었기 때문에 공부의 참된 기쁨도 사라지게 되었던 것이다.

이러한 잘못된 사고방식에서 온전히 벗어날 수 있는 시기는 인생의 산전수전을 다 겪어보고 자신의 사고방식을 혁신해 나가면서 살아나갈 수 있는 시간적·사회적·체력적인 조건이 가장 절묘하게 맞아 떨어지는 시기가 40대라는 것을 필자는 강조하고 싶다.

가진 것의 참된 가치를 깨닫게 될 때는 그것을 상실했을 때이다. 공부도 마찬가지이다. 세상이 무엇인지 인생이 무엇인지 깨닫기도 전에 어린 나이에 공부 전선에 내몰려서 정신 없이 공부를 할 때는 공부의 기쁨도 공부의 가치도 깨닫기가 쉽지 않다.

하지만 공부의 필요성이 잘못 인식된 대한민국 사회에서는 2, 30대 때는 먹고 살기 위해서 산업 전선에 뛰어들어야 하기 때문에 비로소 공부다운 공부를 하고 싶어도 하기가 쉽지 않다. 그래서 자신이 추구하는 꿈을 포기하고 자신과 관련이 없는 분야에서 의식주를 해결하기 위한 시기를 우리는 보내야만 했다.

우리는 그 시기를 그렇게 보내고서야 공부에 대해 많은 생각을 하게 된다. 그리고 비로소 인생에서 그 어떤 쾌락이나 취미보다도 공부가 최고의 것임을 자각하게 된다.

이제 비로소 누가 뭐래도 공부의 기쁨을 오롯이 깨닫게 되는 시기가 된 것이다. 꿈을 포기해야 되는가로 고민하는 나이 40에…

>> 100%의 성공 가능성을 기다리지 마라

야구에서 타율이 3할만 넘어도 훌륭한 타자라고 합니다. 3할이면 10번 중에 3번을 치고 7번을 아웃당하는 것입니다. 고작 3번의 성공이 7번의 실패 이상의 가치로 평가받는 것입니다. 인생도 마찬가지입니다. 10번 중에 7번을 실패하더라도 3번의 성공이 실패로 인한 모든 손해를 뛰어넘습니다. 3번의 성공을 위해 7번의 실패를 감수하세요.

－「나를 위한 하루 선물」 중에서

20대의 공부와 인생은 리허설일 뿐이다

한국 사람들에게 가장 필요한 것은 열정이나 재능이나 지식이 아니다. 느긋한 마음이다. 우리는 너무나 조급하기 때문에, 일을 그르치고 인생을 그르치는 사람들이 유독 많다. 한국인의 재능이나 잠재력은 그 어떤 민족보다 뛰어나지만 너무 급한 민족성 때문에 많은 한국인이 인생을 그르치면서 고만고만한 삶을 사는 것 같다.

특히 젊은 시절에 한두 번의 도전에서 실패를 하게 되면 인생이 전부 끝이 나는 듯 조급하게 생각하기 때문에 너무나 많은 기회와 도전을 하지 못하고 그 자리에 주저앉아 인생을 망치게 되는 경우가 다반사이다.

이것은 매우 안타까운 현상이 아닐 수 없다. 우리가 확실하게 알아야 하는 것은 시대의 변화가 적었던 십여 년 전만 해도 대학교 졸업장 하나로 평생을 버틸 수 있었다. 하지만 이제는 어제 배운 지식이 무용

지식이 되어버리는 그러한 지식 폭증의 시대에 우리가 살고 있음을 우리는 자각 해야 한다.

현대의 지식은 수명이 너무나 짧다. 그리고 한두 번 큰 성공을 했다 해도 그것은 곧 과거지사가 되어버린다. 지금 우리가 살아가고 있는 이 시대만큼 변화의 속도가 빨랐던 적은 없었다. 십 년 전에 이룩한 큰 성공은 말 그대로 과거의 일일 뿐이다. 과거지사가 되어버린 과거의 성공이나 공부를 가지고 평생 우려먹을 수는 없는 시대가 되었다.

새로운 경쟁자들이 지금처럼 많이 생기는 경우는 없었다. 이것이 모두 인터넷과 정보기술의 발달에서 원인을 찾을 수 있다. 지구 반대편에서 새로운 제품이 선풍적인 인기를 끌게 되면 곧바로 그것은 벤치마킹을 당하게 되고 더 많은 자본과 기술을 가지고 있는 기업과 사람들이 원조보다 더 나은 제품을 만들어버리는 시대가 되었다.

이러한 시대적 상황 때문에, 과거의 졸업장이나 과거의 성공에 집착하여 그것만 믿고 편안한 여생을 보내고자 하는 사람만큼 어리석은 사람도 없을 것이다. 그만큼 평생 학습의 시대가 우리에게 펼쳐졌고 지식 폭증의 시대가 우리에게 다가왔다.

지금 대학에 입학한 신입생들은 현재의 평균수명과 그 성장 추세를 토대로 예측해보면, 2090년경까지 산다고 추측해볼 수 있다. 그렇다면, 이들이 대학에서 지식을 배운 후, 이 지식을 제대로 활용하고 이 지식이 인생에 유용한 영향을 끼칠 수 있는 시기는 고작 졸업 후 20년 이내라고 할 수 있다. 그렇다면 아마도 대학 시절에 배운 지식과 기술은 2030년경에는 무용지물이 될 것이다. 그렇다면 2030년부터 2090

년 동안 60년 동안 이들은 새로운 지식을 배워야 하고 새로운 공부를 해야만 한다는 결론에 도달할 수 있다. 이렇게 길어진 인생에서 20대에 어떤 공부를 하였고 어떤 대학을 졸업했느냐 하는 것은, 현실과 맞지 않는 무용지물의 지식을 가지고 인생의 후반기를 맞이 하는 것과 같다. 그리고 그 후반기의 시작은 바로 40대인 셈이다.

20대 때, 좋은 대학에서 좋은 교육을 받고 좋은 대학의 졸업장을 취득해서 그것으로 평생 우려먹을 수 있었던 좋은 시절(?)도 분명 있었다. 불과 20~30년 전까지만 해도 그것이 가능했던 시절이었다.

하지만 최근 하바드, 스탠포드, 캘리포니아주립대학, 프린스턴 등과 같은 세계적으로 앞서가는 대학교들조차 시대의 변화를 쫓아갈 수 없을 만큼 시대가 급변하고 있다. 뿐만 아니라 교수들은 강의 노트 하나를 가지고 십 년 동안 우려먹던 그러한 시대가 이제 종식되었음을 알고 있다. 전문 지식이 너무나 빠르게 발전하기 때문에 매년 강의안을 새로 써야 할 지경이 되었다.

시대가 천지개벽할 정도로 변하고 있다. 그래서 20대 때 아무리 좋은 공부를 하고 좋은 대학을 졸업했다고 하더라도, 그 지식의 유통기한은 십 년도 넘지 못한다는 사실을 알아야 한다. 명문대를 졸업한 사람도 이제 공부하지 않으면 대학교를 나오지 않고 독학하는 고졸 출신의 사람들보다 더 못한 실력을 갖추게 되는 시대가 온 것이다. 다시 말해 현 시대는 학벌보다는 실력이 중요한 시대인 것이다. 시대의 흐름을 간파한 대기업이나 앞서가는 기업에서는 학력 파괴를 주장하고 있다. 출신 대학이 아니라 오직 실력으로 사람을 뽑겠다는 것이다. 아무리 명문대를 나왔다 해도 졸업 후 몇 년이 지나면 대학교를 나오지 않은 사람과 다를 바 없게 된다. 이러한 현상은 지식이 폭증하고 시대의 변화 속도가 빠른 현 시대의 특성이지만 앞으로 이러한 현상은 더욱 심화될 것이다. 뿐만 아니라 대학을 나오지 않은 사람들이 인터넷을 통해, 자신의 집 안방에서 지구 반대편의 세계 최고의 석학들의 인터넷 강의를 쉽게 접할 수 있게 되었다. 이러한 환경이 20대의 공부가 인생 40대 이후의 삶에 실제적으로 영향을 줄 수 없다는 점을 명백하게 하고 있다.

20대 때 아무리 많은 공부를 했다 해도, 40대 때 공부하지 않는 사람은 40대 이후의 삶에서 성공할 수 없을 뿐만 아니라 서서히 도태되어 앞으로 불을 보듯 뻔한 양극화 사회에서 세상을 원망하며 살아야 하는 비참한 말로를 맞이할 확률이 크다. 그것이 현실이다.

20대 때 아무리 큰 성공을 했다 해도, 그 성공이 평생의 성공을 보장해줄 만큼 큰 성공이란 세상에는 없다. 그래서 20대 때 아무리 큰 성공을 했다 해도, 그것은 어떻게 보면, 리허설이라고밖에 볼 수 없는 것이다. 오히려 20대 때, 큰 실패를 경험한 사람들이 인생의 후반기에 엄청난 큰 성공을 한다는 사실을 통해, 20대 때 성공을 맛 보았다고 좋아할 필요도 없고, 20대 때 큰 실패를 했다고 해서, 좌절할 필요도 없다. 지나간 과거는 과거일 뿐이다. 그러므로 과거에 집착하지 말고 다가오는 미래를 준비하는 인생이 현명한 인생인 것이다.

과거의 성공과 영화만 기억하며 그러한 성공에 도취되어 사는 사람만큼 한심한 인생은 없다. 왜냐하면 그런 사람에게는 더 이상 발전이 없고, 미래가 없기 때문이다.

『공부하는 독종이 살아남는다』라는 책을 통해, 공부 열풍을 불고 온 이시형 박사는 자신의 저서를 통해 '공부는 평생 해야 하는 일이며, 살아가는 것 자체여야 하며, 우리가 죽을 때까지 해야만 하는 가장 가치 있는 일이다.' 라고 역설하고 있다.

>> 고난과 함께 오는 능력

신은 우리에게 극복할 수 없는 고난과 시련을 주시지 않습니다. 그것은 고난을 주실 때에 극복할 기회와 능력도 함께 주시기 때문입니다. 당신이 지금 겪고 있는 고통이 무엇이라도 당신에게는 분명이 이겨낼 힘이 있습니다. 스스로 이겨낼 수 있다고 믿기만 한다면 당신을 도울 사람들과 당신을 위해 준비된 선물들이 찾아올 것입니다.

- 『나를 위한 하루 선물』 중에서

당신의 인생은
40대 이후의 삶의 모습이 결정한다

"참다운 삶을 바라는 사람은 주저 말고 나서라. 싫으면 그뿐이지만,
그럼 묏자리나 보러 다니든가."

　- W. H. 오든

　오든의 시는 인생의 산전수전을 다 겪은 후, 어떠한 삶을 살아가야
할지 선택도 하지 못하며 그저 인생의 풍파에 떠밀려 하루하루를 살아
가는 사람들에게 큰 메시지를 준다. 그렇다. 우리의 인생을 제대로 살
아 나가기 위해서 우리는 무엇인가를 결정하지 않으면 안 된다. 그것
은 삶을 잘 살아내기 위한 공부이다. 가장 중요한 시기는 40대이다.

　이때 우리는 참다운 삶을 소망하며 용기 있게 나서서 도전할 것인
지, 아니면 조용히 묏자리나 보러 다니든지 선택해야 한다. 선택하지
않고 그저 살아가는 40대는 후자를 선택한 것과 같다.

70

인생의 산전수전을 다 겪어본 나이인 인생 40대의 모습을 보면, 그 사람의 진면목을 볼 수 있다. 그것은 인생의 모든 풍파를 견디어내면서, 누군가는 더욱 더 빛나는 보석으로 단련되었을 것이고, 이와 반대로 누군가는 인생이라는 모진 풍파에 모든 열정과 패기와 의지와 꿈들을 모두 빼앗기고 지친 육신만 가지고 있기 때문이다. 또는 누군가는 그래도 열심히 살아왔기 때문에 사회에서 인정받을 수 있는 지위를 가지고 있고 어느 정도의 부도 가지고 있는 사람도 있을 것이다. 하지만 이것은 인생의 전반전에 불과하다.

축구시합에서 전반전에 3대0으로 이기다가, 자만하여 후반전에 4골을 연거푸 내주어 3대 4로 뼈아픈 역전패를 당하는 경우가 얼마나 많은가? 지금 인생 40은 바로 축구시합으로 치자면, 전반전을 마치고 후반전을 시작하기 전인 바로 휴식 시간인 셈이다.

이 시간을 어떻게 보내며 어떤 전략을 구사할 것인지 상대의 약점은 무엇인지 등을 통합하여 좋은 전략과 좋은 준비를 한다면, 비록 짧은 시간의 연구와 전략으로 후반전에는 전혀 다른 모습의 전력의 팀으로 변화될 수 있는 것이다. 강한 팀을 만나서 전반전에는 쩔쩔 매다가 후반전에서 엄청난 괴력을 발휘하여 투혼을 불사르며 전혀 주눅들지 않고 승리를 쟁취하는 팀은 매우 자랑스러울 뿐만 아니라 위대해 보이기까지 한다.

이처럼 우리 인생에서도 인생의 전반전에 시시한 밑바닥 인생을 살았더라도, 후반전인 40대 이후의 삶의 모습에서 당당함과 패기와 활력과 열정과 큰 꿈을 가지고 매진하는 사람의 모습에는 위대함이 깃들어 있는 것이다.

벤저민 프랭클린(Benjamin Franklin)은 다음과 같이 말했다.

"어떤 사람들은 25세 때 이미 죽었는데, 장례식은 75세에 치른다."

이 말은 우리가 너무 쉽게 꿈을 포기하고, 이 세상의 물결에 자신의
인생을 내 맡겨버린다는 말이다. 꿈을 잃어버린 사람은 살아도 사는
것이 아니다. 아무 의미도 가치도 발견할 수 없기 때문이다. 하지만 인
생의 모든 풍파를 겪은 후에 다시금 꿈을 꾸고 도전하는 인생을 사는
사람에게는 위대함을 엿볼 수 있다. 그러한 사람이 위대한 성공을 거
둘 수 있었던 것이다.

우리가 가장 큰 감동과 희망을 느낄 때가 언제인가? 그것은 바로
조금 부족하고 주목 받지 못하던 어느 사람이 엄청난 노력과 의지로
재능 있는 사람들을 뛰어넘어 성공하는 것을 눈으로 목격할 때가 아
닌가?

최근에 한창 인기를 끌고 있는 〈위대한 탄생〉이나 〈슈퍼스타 K〉와
같은 프로그램들을 살펴보면 이러한 사실을 분명하게 알 수 있다. 처
음부터 뛰어난 재능을 가지고 있던 사람들이 일등을 하거나 좋은 평가
를 심사위원에게서 받는 것에서 우리는 대단한 감동이나 희망을 느끼
지 못한다. 하지만 처음에 엄청나게 혹평을 받거나 못하던 지원자들이

자신의 단점을 보완하고 노력한 결과, 심사위원들에게 호평을 받게 될 때에는 우리 역시 큰 감동을 받게 되고 희망마저 느끼게 되어 저절로 박수를 치게 되는 것이다.

이러한 오디션 프로그램도 이 정도로 감동적인데 인생의 산전수전을 다 겪고 심지어 공중전도 다 겪은 인생의 40대들이, 과거의 수많은 실패와 시련과 좌절에도 불구하고 큰 꿈을 꾸고 그 꿈을 향해 용감하게 도전하는 모습은 그것만으로도 위대한 감동이 아닐 수 없다. 그래서 그 사람의 진면목을 알고자 한다면, 인생의 큰 시련을 다 겪어보고 큰 실패와 다양한 경험을 다 해본 후에, 그 사람의 삶의 모습에 열정과 패기와 도전과 꿈이 있는지 아니면 어떠한 꿈도 없는지 살펴보면 된다.

인생의 모든 풍파를 다 겪은 후에도 꿈을 갖고 패기와 열정으로 큰 일을 시도하는 사람은 위대한 사람이며 존경받기에 충분한 사람이다. 하지만 아무 열정도 없고 꿈도 없는 사람이라면, 그 사람은 시시한 인생을 살다가 무의미한 삶을 마감할 것이 눈에 선하게 보일 것이다.

인생 실패의 가장 큰 원인은 자포자기이다. 지금까지 해봤는데, 아무리 해도 안 된다는 사실을 알고 스스로 포기하는 것이다. 하지만 수많은 시도와 반복되는 실패를 했음에도 불구하고 또다시 도전하는 사람에게는 위대함이 느껴진다.

진정 인생을 하루하루 즐기며 자신의 한계에 기꺼이 도전하며 활기와 여유가 있으며 보다 나은 내일을 위해 열정적으로 살아가는 40대들은 이미 성공적인 삶을 사는 것이다. 그렇기 때문에, 40대 이후의 삶의 모습을 보면, 그 사람의 5, 60대 이후의 모습이 보이는 것이다.

"우리 앞뒤에 놓여 있는 것은 사소한 문제들이다. 우리 안에 있는 것과 비교한다면. 우리 안에 있는 것을 꺼내어 세상에 펼쳐놓을 때 기적은 일어난다."라고 말한 헨리 데이빗 소로의 주장처럼, 우리의 인생길에 놓여 있는 장애물과 시련과 상황과 형편은 모두 사소한 문제들일 뿐이다. 우리가 성장할수록 불가항력적으로 보이고 크게만 보였던 문제들이 작아지게 된다. 그리고 그것은 우리 안에 있는 것을 꺼내어 세상에 펼쳐놓을 때, 문제가 더 이상 문제가 아닌 기회가 되어 기적이 일어 나게 된다.

> **» 자신감을 가져라**
>
> 무엇이든 성취할 수 있다는 자신감, 이러한 열의 없이 위대한 일이 성취된 예는 없습니다. 어떤 일을 하든지 자신감이 없으면 가진 능력을 온전히 발휘 할 수 없습니다. 기가 죽어 이리 저리 눈치만 보지 마세요. 자신이 제대로 일을 하고 있는지 안절부절 한다면 잘 할 수 있는 일도 제대로 할 수 없습니다. 자신감을 가지세요. 당신은 하고자 하는 일을 완벽히 해낼 수 있는 가능성과 능력을 갖추고 있습니다.
>
> ─ 『나를 위한 하루 선물』 중에서

퇴근 후 3시간을 활용하라

가족의 이해와 협조를 구한다

집에서 자신만의 3시간을 확보할 때 가족의 협력은 필수적이다. 부부간 서로의 장래에 관한 설계를 이야기하고, 그 계획을 위해 자신의 시간을 확보해야 한다고 이해를 구한다. 자신의 계획을 비밀로 삼지 않고 상대에게 분명히 말하면 스스로 결의를 재확인할 수도 있다. 또한 집에 돌아와 자기계발에 노력하는 아빠의 모습은 자식들에게도 반드시 좋은 영향을 줄 것이다.

신문 스크랩과 독서를 활용해라

어떤 주제로 세상의 흐름을 파악할 것인가라는 문제를 궁리하는 과정에서는 신문이나 잡지를 직접 손으로 넘기면서 생각을 검토하고 결론을 내는 작업이 필요하다. 평소에 책을 읽어두지 않으면 시의 적절하게 활용하기가 쉽지 않다. 프로는 어떤 돌발 상황이 생겨도 이에 능숙하게 대처해야 한다. 그러려면 지적인 바탕이 탄탄해야 하는 만큼 독서라는 선행투자는 꼭 필요한 일이다.

텔레비전을 멀리하라

텔레비전 시청은 습관에서 비롯된다. 방송 일정표를 보고 오늘은 이 프로만 보자고 정하는 주체적인 선택을 하지 않으면 퇴근 후 시간에 자신만의 3시간을 만들 수 없다.

오래 기억하려면 정기적으로 반복학습하라

16년간 기억을 연구했던 독일의 실험심리학자 헤르만 에빙하우스(Hermann Ebbinghaus)에 따르면 여러 실험으로 반복하는 것의 효과, 즉 같은 횟수라면 '한 번 종합하여 반복하는 것' 보다 '일정시간의 범위에 분산 반복' 하는 편이 훨씬 더 기억에 효과적이라는 것을 발견했다.

그에 따르면 학습 후 10분 후부터 망각이 시작되며, 20분 후에 42%, 1시간 후에 56%, 9시간 후에 64%, 6일 후에는 76%를 잊어버린다고 한다.

이러한 망각으로부터 기억을 지켜내기 위한 가장 효과적인 방법은 복습이다. 에빙하우스는 복습에 있어서 그 주기가 매우 중요하다는 사실을 발견하게 된다.

10분 후에 복습하면 1일 동안 기억되고,
다시 1일 후 복습하면 1주일 동안,
1주일 후 복습하면 1달 동안,
1달 후 복습하면 6개월 이상 기억(장기 기억)된다는
연구결과를 바탕으로 했다.

학습한 내용을 잊지 않고 장기기억화시키기 위해서는
10분 후 복습, 1일 후 복습, 1주일 후 복습, 1달 후 복습이
반드시 필요하다는 것을 실험을 통해 밝혀냈다.

인간이 접하는 정보는 뇌의 측두엽에서 해마로 보내진다. 이곳에서 정보를 임시 보존한다. 임시 보존하는 이유는 정보를 일시적으로 기억할지, 장기간 기억할지 분류 작업을 하기 위해서이다.

해마에 일시적인 정보로 보존되고 있는 상태에서, 같은 정보가 해마에 빈번히 전송되면 뇌는 '이 정보를 중요한 정보로 판단'하여 측두엽에 정보를 보내 그곳에 장기 보존한다. 이것이 장기 기억이다. 한편 같은 정보를 한동안 해마로 보내지 않으면 뇌는 이 정보를 그다지 중요하지 않다고 판단하여 폐기해버린다. 이것이 일시 기억이다.

이것을 공부 방법이나 암기 방법에 적용해보자.

어느 항목을 공부한다→1주일 후에 복습한다→2주 후에 2회째 복습을 한다→1개월 내에 3회째 복습을 한다. 이것이 가장 효율적인 학습 방법이다.

2장
40대 공부로 인생을 역전시켜라

어떤 것도 분명한 목표를 위해 존재하려는 인간의 의지에는 저항
할 수 없다.
- 벤저민 디즈레일리

모든 것은 꿈에서 시작된다. 꿈 없이 가능한 일은 없다. 먼저 꿈을
가져라. 오랫동안 꿈을 그리는 사람은 마침내 그 꿈을 닮아간다.
- 앙드레 말로

40대야말로 진짜 꿈을 꾸고, 진짜 공부를 할 때이다

"미래는 자신의 꿈을 믿는 자의 것이다."

우리 인생의 미래는 자신의 꿈을 얼마나 믿고 노력하는지에 따라서 결정된다고 해도 과언이 아니다. 그것은 꿈을 믿는 자는 그 꿈이 반드시 실현될 것임을 믿으며 현재의 모든 행동과 생각이 그것을 향해 초점이 맞추어져 움직이기 때문이다. 이처럼 꿈을 꾸는 것이 중요한 것은 꿈조차 꾸지 않는 사람은 아무것도 성취해낼 수 없기 때문이다.

40대는 진짜 꿈을 꾸어야만 하는 시기이다. 40대는 살아온 날들의 인생의 경험과 살아갈 날들의 미래의 시간이 적절하게 배합된 최적의 시기이기 때문이다.

10대, 20대 때는 인생에 대한 경험이 적기 때문에 자신의 적성, 자신의 소질, 자신의 기호, 자신의 숨겨진 재능 등에 대해 제대로 알 수

가 없다. 이때는 학교 공부와 학과 선택에 의해 자신의 2, 30대 인생의
모습이 어느 정도 결정될 수밖에 없다. 그래서 이때는 솔직히 자신의
삶을 살았다고 할 수 없다. 남들이 다 가는 학교에서 남들이 다 하는
학교 교육을 받으면서 예측이 불가능한 미래를 향해 불안한 꿈을 꾸며
삶을 영위하는 시기인 것이다. 인생의 경험이 많지 않기 때문에 자신
의 재능과 소질을 정확하게 파악하기란 불가능하다.

　우리는 자기 자신을 새벽마다 가슴 뛰게 하면서 잠에서 깨어나게
하는 그러한 열정을 일깨우는 일이 반드시 존재하지만, 그것을 미처
발견하지 못하고 평생 시시하게 살다가 인생을 마감하는 경우가 다반
사이다.

　정말 행복한 사람은 자신을 미치도록 행복하게 해주는 일을 발견하
고 그 일을 하는 사람인 것이다. 이런 사람은 더 이상 다른 행복을 바
라지 않아도 될 만큼 충만한 삶을 그 일을 하는 과정을 통해 얻기 때문
에 결과에 연연하지 않고 일을 하면서 충분히 행복한 삶을 누리는 정
말 행복한 사람이라고 말할 수 있다.

　그런데 문제는 자신을 미치도록 행복하게 해주는 일을 발견할 수
있는 시기가 인생의 여러 가지 경험을 쌓고 다양한 사람을 만나보고
다양한 일과 경험을 해본 40대라는 것이다. 그렇기 때문에 40대가 꿈
을 꾸기에 가장 좋은 시기인 것이다.

　초등학교 학생들에게 꿈이 무엇인지 물어보면 다양한 꿈들을 말한
다. 하지만 그것은 정말 꿈에 불과하다. 어떤 아이는 만화가게 주인을,
어떤 아이는 우주비행사를, 어떤 아이는 선생님을 자신의 꿈이라고 말

한다. 하지만 이것은 몇 년이 지나면 또 쉽게 다른 것으로 바뀌게 된다. 초등학생들은 아직 인생에 대해 경험이 없으므로 자신의 적성과 소질을 토대로 하여 제대로 된 꿈을 꿀 수 있는 나이가 아닌 것이다. 중학생이 되고 고등학생이 된다고 해서 자신의 숨은 적성과 소질을 제대로 파악할 수 있는 것도 아니다. 특히 한국 사회에서는 중·고등학교 때는 입시공부에만 전념을 해야 하기 때문에 다양한 체험과 경험을 하지 못한다. 운 좋게 자신의 소질과 재능과 적성을 발견하는 학생들은 정말로 행운아들이지만, 이런 행운은 극소수의 사람들에게 일어나는 일이다.

그렇기 때문에, 다양한 인생 경험을 하고 체험을 하고 다양한 사람들을 만나보고 많은 일들을 직접 해보면서, 자신이 가장 좋아하는 일, 자신이 남들보다 잘할 수 있는 일, 자신을 미치도록 행복하게 만들어주는 일을 발견하게 되는 40대 때야 말로 인생을 걸고 도전해볼 가치가 있는 꿈을 꿀 수 있는 가장 좋은 시기라는 점이다.

최근 주 5일제 근무가 활성화되어서 주말엔 등산을 하는 사람들이 많아졌다. 특히 필자가 사는 이곳 부산은 산이 많아 더욱 더 그렇다. 주말이면 등산복 입은 사람들이 왜 그렇게 많은지 부럽기만 하다.

등산 애호가들이 한번쯤 꼭 올라가보고 싶은 산이 어딜까? 아마도 지구상에서 가장 높은 산인 에베레스트가 아닐까라는 생각이 든다.

에베레스트 산의 높이는 8,848m이고, 이것은 백두산보다 3배나 더 높다. 나는 이 산을 생각하면 항상 생각하는 것이 있다. 그것은 바로 이 산의 정상을 올라 가는 사람들의 숫자이다.

30년 전에는 지구에서 가장 높은 에베레스트 산을 일 년에 평균 2.5 명 정도가 오를 수 있었다. 하지만 지금은 일년에 500명 이상이 오른 다고 한다. 왜 이렇게 차이가 많이 나는 것일까?

과거에는 베이스캠프를 해발 3,000m 이하에 설치를 했다고 한다. 그냥 관습적으로 그 정도 높이면 적당하다고 생각했던 것이다. 그래서 뉴질랜드의 에드먼드 힐러리가 인류 역사상 최초로 이 산을 등정했던 1953년부터 30~40년 동안 베이스캠프의 높이는 3,000m 이상을 넘지 않았다. 그렇게 세월이 흐르고 베이스캠프의 설치 높이는 전통이 되어버렸다. 그래서 누구도 의심하지 않았고 왜 3,000m 이하에 베이스캠프를 설치해야만 하는지에 대해서 의심을 품지 않았다.

그러다가 어느 날 누군가가 지금까지의 높이보다 무려 2배나 높은 곳인 6,000m 정도 높이에 베이스캠프를 쳤던 것이다. 그랬더니 정상에 도달하는 것이 훨씬 수월하다는 사실을 알게 되었다. 그 이후 모든 등산가들이 해발 6,000m 정도의 높은 곳에 베이스캠프를 치게 되었으며 그 결과 정상에 올라 가는 사람의 수가 많아지게 되었던 것이다.

이 일이 우리에게 주는 중요한 교훈은 무엇일까? 그것은 바로 성공의 최대의 비결은 베이스캠프를 높은 곳에 치는 것이다. 즉 우리가 무슨 일을 하든지 베이스캠프를 다른 사람들이 상상도 못하는 높은 곳에 치면 다른 사람들이 상상도 못하는 위대한 일을 해낼 수 있는 것이다.

10대나 20대에 꿈을 꾸는 것보다 40대가 꿈을 꾸게 되면 오히려 더 좋은 점이 많다. 그 좋은 점 중에 하나가 바로 꿈을 향한 베이스캠프를

20대 때보다 훨씬 구체적이고 계획적으로 더 높은 곳에 칠 수 있다는 것이다. 이것이 40대야말로 진짜 꿈을 꾸기에 좋은 시기인 이유이다.

10대는 소망 하는 꿈을 꾸더라도 그 꿈과 상관 없이 초 · 중 · 고등학교를 졸업해야 하고, 20대는 자신이 무엇이 되고자 꿈을 꾸더라도 대학교를 졸업해야 하고 남자의 경우는 국방의 의무도 져야 한다. 그래서 이때는 꿈을 향한 베이스캠프를 절대 높은 곳에 칠 수 없다.

하지만 40대는 꿈을 향한 베이스캠프를 누구보다 높게 칠 수 있다. 우리는 40대 때가 새로운 꿈을 꾸기에 가장 좋은 시기라는 것을 잊지 말아야 한다.

『마흔의 의미』의 작가인 마치자와 시즈오는 2, 30대는 '진정한 성인' 이 아니다라고 말한다. 왜냐하면 생물학적으로는 성인이지만, 심리적으로 그리고 사회적으로 미성인이기 때문이라는 것이다.

과거 평균수명이 40세인 시대에는 10대만 지나면 어른 취급을 해주었고 사회적으로도 어른이었다. 그러한 사회적 환경 때문에 심리적으로도 어른이 되었다. 조선시대에는 평균수명이 20~40이었다. 이러한 환경 때문에 60세가 되면 장수를 했다고 축하해 주는 전통 문화인 환갑(還甲)이 있었던 것이다. 하지만 이제는 평균수명이 80을 바라보고 있다. 그래서 진정한 노인은 70이 되어야 인정해주는 시대가 되었다. 그래서 『마흔의 의미』의 저자 미치자와 시즈오는 현대 사회에서는 40세 전후에 이르러서야 비로소 심리적으로나 사회적으로 '진정한 성인' 이 된다고 주장한다.

현대인은 보통 40세를 전후해서 엄청난 심리적, 사회적인 과도기를 맞이하게 된다. 그래서 40세 전후를 중심으로 인생의 가장 큰 위기가 닥쳐오는 시기라고 말한다. 하지만 위기는 곧 가장 좋은 기회이기도 하다. 위기(危機)라는 한자를 살펴보면 이 의미를 쉽게 알 수 있다. 위태할 위(危)자와 기회 기(機)자가 합성된 한자라는 것이다. 즉 위기는 위태로움과 동시에 기회가 함께 존재한다는 것이다.

그래서 40세에 시작되는 인생의 중년의 위기는 심리적인 변화가 가장 심한 시기이다. 이때 비로소 성인이 되는 시기이기도 하다. 그리고 또 한 가지는 이때가 꿈을 꾸기에 가장 좋은 시기라는 것이다. 어설프게 살아온 지난 날들과 자신이 주인이 되어 살아갈 앞으로의 날들을 모두 바라보면서 새로운 꿈을 만들고 실현하기에 가장 좋은 시기가 아닐 수 없다.

한국의 대표적인 정신과 전문의이자 뇌과학자인 이시형 박사는 모든 것이 흔들리고 불확실하고 불안한 시대에 오직 끝없이 '배우는 사람만이 새로운 세상에서 살아남을 수 있다'라고 말했다.

그의 말에 따르면 우리의 미래는 오늘 무엇을 공부하느냐에 따라 달라진다고 한다. 그는 자신의 저서인 『공부하는 독종이 살아남는다』라는 책을 통해서 나이 들어 하는 공부가 진짜라고 주장한 바 있다. 왜냐하면 이제 바야흐로 인간 수명은 100세를 넘어 120세를 향해 가고 있기 때문에 40대 공부는 이제 선택이 아니라 필수임을 강조한다. 그리고 신기하게도 나이가 들수록 공부가 즐겁다고 말한다. 그는 나이들어 하는 공부가 즐겁고 더 잘 되는 여섯 가지 이유를 자신의 저서를 통해 밝히고 있다.

첫 번째 이유는 절실한 만큼 몰입이 쉬워지기 때문이라고 한다.

인생의 산전수전을 겪게 되면서 자신의 생존과 성공을 위해서 그리고 무엇보다, 보다 나은 삶을 살기 위해서는 공부가 절대적으로 필요하다는 사실을 깨닫게 되므로 절실해진다는 것이다. 그 결과 몰입하게 되고 몰입의 결과 어느새 진정으로 공부에 재미가 붙는다는 것이다.

두 번째 이유는 창의적인 공부가 가능하기 때문이라고 한다.

20대 공부는 오직 시험용이었고 그래서 주입식 공부가 전부였지만, 40대 공부는 실생활과 삶에 응용할 기회가 많아서 참된 공부로 느껴진다는 것이다. 삶을 겪으면서 여러 가지 경험을 한 것에 하나나 실제로 공부하는 내용들이 적용 가능하다는 사실을 깨닫게 된다는 것이다. '이 내용은 그 일을 할 때 도움이 되겠구나!' '아 이래서 그랬구나!' 하고 무릎을 치는 순간, 우리 머리엔 불이 번쩍 켜지며 응용이 절로 된다는 것이다. 그래서 응용은 새로운 창의적 생각을 낳으면서 기쁨과 즐거움을 선사해준다는 것이다. 이것이 만학의 즐거움이라고 한다.

세 번째 이유는 풍부한 인생 경험이 올바른 공부의 방법과 요령을 찾아주기 때문이라고 한다.

'예전에 이렇게 하니까 이해가 더 잘되더라.' '어떤 음악을 들으니 집중이 더 잘되더라.' 등등. 공부를 할 때, 집중할 수 있는 환경과 조건을 잘 알고 있으므로 좀 더 쉽게 공부를 잘할 수 있다는 것이다.

네 번째 이유는 자기 진단이 된 상태이기 때문이라고 한다.

자신의 적성이나 잠재 능력, 강점, 지능이 어느 분야에 적절한지 그동안의 경험으로 잘 알고 있기 때문에 그 분야의 공부를 하면 더 잘할 수 있는 것이다.

다섯 번째 이유는 물질적으로나 정신적으로 보다 많은 투자를 할 수 있기 때문이라고 한다.

학창 시절에는 시험 기간이 정해져 있고 공부할 진도도 이미 정해져 있다. 하지만 어른이 되어서 하는 공부는 시험 기간은 물론 시험도 없다. 이런 점에서 마음의 여유가 있을 뿐만 아니라 어느 정도 돈을 벌어놓은 후이기 때문에 물질적으로도 훨씬 여유가 있다는 것이다. 그래서 훨씬 더 많은 시간과 물질을 투자할 수 있는 것이다.

여섯 번째 이유는 성취감이 더 크기 때문이라고 한다.

학창시절에는 아무리 열심히 해도 성적이 오르지 않고 항상 불안했다. 하지만 어른이 된 후의 공부는 날마다 성취감과 만족감을 느낄 수 있다. 모르던 것들을 새롭게 공부하여 알게 되었을 때, 지적 만족과 성취감을 누리게 된다는 것이다.

40대 공부를 통해
위대하고 큰 꿈을 꿀 수 있다

위대한 삶을 살았던 사람들은 모두가 그렇게 위대한 인간으로 태어났기 때문에 그것이 가능했을까? 아니면 후천적으로 그러한 인생을 그들이 그렇게 만들었을까?

우리는 이러한 질문에 대해 그 누구도 쉽게 결론을 내릴 수 없다라는 사실을 알고 있다. 하지만 정답에 대한 힌트를 주는 많은 책들이 있다는 사실 또한 알고 있다.

그러한 책 중에 하나가 바로 『아웃라이어(Outliers)』이다. 이 책은 놀랍게도 그 동안 우리들이 당연하게 여겼던 성공의 법칙들인 타고난 지능과 재능, 끊임없는 열정과 노력이 성공을 보장해주는 조건들이 아니다라고 말한다.

결국 성공이란 사회적인 특별한 이점과 특별한 기회요소 그리고 문화적 유산과 공동체의 혜택을 통해서 만들어지는 결과물에 불과하다는 사실을 잘 말해주고 있다. 하지만 『아웃라이어(Outliers)』의 저자 말콤 글래드웰도 위대한 집중력과 반복된 학습의 결과를 부인하지는 않는다. 결국 사회적인 특별한 이점과 기회요소, 그리고 문화적 유산과 공동체의 혜택을 통해서 그 사람이 성공할 수 있었지만, 그러한 것들은 그 사람으로 하여금 그 일에 집중할 수 있게 해주고 반복적으로 학습할 수 있게 도와준 환경에 불과하다고 말하고 있다. 다시 말해 위대한 삶은 태어나는 것이 아니라, 우리가 충분히 만들어 나갈 수 있다라는 가능성을 말해주고 있다.

그리고 『아웃라이어(Outliers)』와 함께 힌트를 부여하는 또 다른 하나의 책은 『세계적인 인물은 어떻게 키워지는가』라는 책이다. 이 책에서는 『아웃라이어』에서 주장한 내용인 사회적인 특별한 이점과 특별한 기회 요소 그리고 문화적 유산과 공동체의 혜택과 같은 환경적인 요소가 결코 성공하기 위한 절대적인 요소가 아니라는 점을 명확하게 말하고 있다.

이 책에서는 알베르트 아인슈타인의 이야기가 나온다. 그는 외톨이에다 학창시절 선생님에겐 문제아로 찍혔다. 중학교 졸업반 때는 신경쇠약으로 6개월간 휴학하기도 했다. 그의 아버지는 운동 신경이 둔한 아인슈타인을 매우 창피스럽게 생각했다. 이러한 상황에서 아인슈타인은 제대로 된 사회적인 특별한 교육이나 기회 요소를 부여받기는커녕 다른 아이들이 누렸던 제대로 된 평범한 교육을 받을 기회조차 얻지 못했다. 하지만 그는 세계적인 물리학자가 되었다.

이 책에서는 세계적인 인물 400명의 성장 과정에 대해 조사한 내용이 나오는데, 그중에서는 절반 이상이 교사의 미움을 받고, 방황을 하며, 제대로 된 교육을 받지 못하는 등 심각한 문제를 겪은 사람들임에도 불구하고 위대한 삶을 살았다는 사실을 말해주고 있다. 사회적으로 특별한 이점과 특별한 기회요소와 공동체의 혜택이 거의 주어지지 않는 소위 문제 가정이라고 할 수 있는 집안에서 태어나서 청소년기를 그런 불리한 환경에서 보냈음에도 위대한 삶을 살았던 인물들이 매우 많이 소개 된다. 이 책의 저자 빅터 고어츨은 말한다.

"우리의 인생은 부모와 함께 환경에 지대한 영향을 받는다. 하지만 그보다 중요한 것은, 자신이 어떠한 야망을 품고 있으며 꿈을 이루려는 신념이 얼마나 강한가? 라는 것이다. 이것에 따라 그 모든 것은 달라질 수 있다."

『세계적인 인물은 어떻게 키워지는가』라는 책에는 환경이 매우 불리했음에도 불구하고 그러한 환경을 극복해내고 결국엔 성공한 인물들을 많이 소개하고 있다.

특히, 흑인에다 사생아였고 매우 가난한 데다 성폭행을 당했고 미혼모였던 여자 아이가 원대한 꿈을 이루기 위하여 엄청난 공부와 독서를 포기하지 않았고 그 결과 세계에서 가장 영향력 있는 여성이 된 오프라 윈프리의 경우는 바로 그 대표적 사례다.

어떠한 불리한 환경과 조건도 위대한 꿈을 당해내지 못한다. 그래서 그는 성공의 최대의 비결은 '크고 높고 담대하고 원대한 꿈을 꾸는 것이다' 라고 말한다.

'위대함을 갈망하는 자에게 위대한 인생이 펼쳐지는 것이고 또한 만들 수 있는 것이다.'

40대는 두 번째 맞이하는 청춘이다. 그렇기 때문에, 두 번째는 첫 번째보다 무엇이든 잘할 수 있고 제대로 할 수 있다. 인생의 경험이 부족했던 20대와는 달리, 인생의 경험이 풍부한 '두 번째 20대', 즉 40대에는 20대와 비교도 할 수 없는 원대하고 큰 꿈을 가슴에 품을 수 있는 경험과 지혜가 있는 것이다. 40대에 다시 한 번 용기를 가지고 크고 위대한 꿈을 꿀 수 있다면, 그 사람은 반드시 일어 설 수 있는 사람이다. 꿈을 꾸는 것이 성공으로 가는 지름길이다.

우리가 위대한 꿈을 꾸면, 그 꿈이 우리에게 힘이 되어주고 추진력이 되어주고 원동력이 되어주고 우리에게 부족했던 실력이 되어주고 부족했던 인맥이 되어주고 부족했던 능력이 되어주는 것이다. 물론 꿈만 꾼다고 무조건 다 되는 것은 아니지만, 꿈 조차도 갖지 않는 사람보다는 훨씬 더 좋은 고지를 점령하고 있는 것과 진배없다. 꿈도 갖지 못했던 사람에게 꿈을 가질 수 있도록 도와주는 것이 바로 공부이다.

위대한 꿈을 꾸면, 그 꿈이 우리를 그 곳, 즉 위대한 꿈까지 이끌어 주는 것이다. 그래서 우리들은 위대한 꿈을 꿀수록 그 꿈의 크기와 비례해서 힘이 크기 때문에, 더 수월하게 목표한 꿈까지 나아갈 수 있는 것이다.

자, 이제 시시한 작은 꿈보다는 위대하고 큰 꿈을 꾸는 것이 중요하다. 위대한 꿈을 꾸기 위해서는 반드시 생각의 힘이 필요하다.

'생각을 바꾸라, 그러면 세상이 바뀐다.' 라고 말하는 노먼 빈센트 필과 '생각하라 그러면 부자가 된다.' 라고 말하는 나폴레온 힐, 그리고 '생각하면 얻고, 생각하지 않으면 얻지 못한다' 라고 말하는 동양의 맹자까지, 너무나 많은 사람들이 생각의 힘에 대해 설파하고 있다.

소가 수레를 이끌 듯, 우리의 생각이 우리를 이끄는 것이다. 그렇기 때문에, 큰 꿈을 꾼다는 것은 결국 큰 생각을 하고 위대한 생각을 한다는 것이다. 그리고 큰 생각이 큰 꿈으로 이어지기 위해서는 반드시 그 사람 자체의 그릇이 커야 한다. 그래서 40대 공부가 필요한 것이다. 40대 공부를 통해 커진 그릇만큼의 생각을 할 수 있기 때문이다.

40대 공부를 통해 우리는 공부 그 자체를 오롯이 즐길 수 있게 될 뿐만 아니라, 기쁨의 원천인 공부를 통해 우리는 다시 한 번 지쳐버리고 메말라버린 인생에 한 줄기 빛과 생기와 활력이 내리게 할 수 있는 것이다.

위대한 꿈을 통해, 평범한 직장인에서 위대한 일을 해내고 있는 사람이 있다. 바로 푸르메재단의 상임이사인 백경학 씨이다.

그는 보통 사람이라면 절망하며 자포자기하며 살아갈 엄청난 인생의 불행과 시련 앞에서, 오히려 그는 큰 꿈을 꾸었고 그로 인해 그는 그 이전에는 상상도 하지 못한 위대한 삶을 살아가고 있는 사람 중에 한 명이다.

그는 수습기자 시절 독일 뮌헨 대학의 정치학연구소에서 객원연구원으로 수학하며 연수를 받던 중, 영국으로 가족 여행을 떠났다가 그곳에서 불행한 사고를 당한다. 자신과 딸은 큰 부상을 입지 않았지만 아내는 두 달 넘게 의식을 찾지 못할 정도로 중상을 입었다. 결국 아내는 이 사고로 인하여 왼쪽다리를 절단해야만 했다.

이후, 그와 그의 가족들은 영국과 독일을 오가면서 훌륭한 시설을 갖춘 재활병원에서 치료를 받았다. 어느 정도 시간이 지나서 한국으로 돌아오게 되었다. 그는 한국에서도 영국과 독일에서 받던 재활치료를 당연히 받을 수 있을 것이라고 생각하고 한국에 돌아왔지만, 한국에는 제대로 된 재활병원이 없다는 사실을 몸소 체험하게 되었던 것이다. 한국의 병원들은 만년 적자일 수밖에 없는 재활병원을 설립하려고 하지 않는다는 것이다. 한 마디로 돈이 되지 않는 사업이기 때문이라는 것이다.

이러한 뼈아픈 경험과 고국의 참담한 현실 앞에서 그는 한번도 생각해보지 않았던 새로운 '꿈'을 비로소 갖게 되었다고 한다. 그는 훌륭한 시설을 갖춘 재활병원을 설립하리라고 결심한다. 이러한 위대한 꿈은 그로 하여금 용기와 담대함을 주었다.

그래서 그는 회사에 사표를 내고, '푸르메재활전문병원 건립'을 위한 다양한 활동을 시작하게 되었던 것이다. 이처럼 평범한 직장인이 위대한 꿈을 꾸었기 때문에 그 꿈이 위대한 인생을 살 수 있도록 이끌어준 것이다.

"사람은 자신이 생각하는 대로 된다. 그래서 인간의 생각은 그가 원하는 모습을 이끌어낸다."

우리는 어떤 생각을 하느냐에 따라 우리의 모습이 정해진다. 그래서 우리가 위대함을 생각하면 위대한 인생이 되는 것이고, 평범함을 생각하면 평범한 인생이 되는 것이다.

『위대한 생각의 힘』이란 책의 저자 제임스 앨런은 다음과 같이 생각의 힘에 대해 설파하고 있다.

"사람을 성공시키거나 파멸시키는 것은 다름 아닌 그 자신이다. 생각이라는 무기고에서 우울함과 무기력과 불화 같은 무기를 만들어 자신을 파멸시킬 수도 있고, 환희와 활력과 평화가 넘치는 천국 같은 집을 지을 도구를 만들 수도 있다. 올바른 생각을 선택하여 진실로 행함으로써 인간은 신과 같은 완벽한 경지에 오를 수 있다. 반대로 함부로 하거나 악용하면 짐승 이하의 존재로 전락하고 만다. 이 양극단 사이에 온갖 등급의 인격이 있으며 인격을 창조하고 소유하는 것은 바로 자신이다. 그래서 사람은 자신의 생각을 닮아가게 된다. 아니, 사람은 자신의 생각만큼밖에 살 수가 없다."

여기서 한 가지 주의해야 할 점은 자신의 꿈은 위대한 꿈을 꾸면서, 동시에 자신은 항상 부족하다는 사실을 명심해야 한다는 점이다. 그래야 더욱 더 노력하며 더욱 더 겸허하게 앞을 향해 나아갈 수 있을 것이기 때문이다.

세상에는 탁월한 재능과 학식을 가졌음에도 불구하고 성공을 하지 못하는 사람들이 생각보다 너무나 많다. 반대로 자신의 재능과 학식과 실력이 부족하다는 사실을 언제나 잊지 않고 부단히 노력하는 사람들 중에 큰 업적을 달성한 사람이 적지 않다는 것 또한 현실이다. 이것은 왜 그럴까?

그것은 탁월한 재능과 학식과 실력을 가지고 있는 사람은 쉽게 작은 성공을 할 수 있다. 그러나 그러한 작은 성공이 상대적으로 평범한 사람들에 비해 작은 노력으로 쉽게 얻었기 때문에, 자신이 우월하다는 사실에 자아도취를 하게 된다. 그로 인해 작은 성공에 도취하게 되면, 그 정도에서 더 이상 성장과 발전을 위해 공부를 하지 않기 때문이다.

원대한 꿈을 갖고 항상 그 꿈에 비해 자신의 능력과 실력이 턱없이 부족하다는 사실을 날마다 되새기며 노력하는 사람이 위대한 꿈에 한 걸음씩 다가갈 수 있는 사람이라는 점을 명심하자.

『열정 능력자』의 저자 진 랜드럼은 성공한 사람들을 광범위하게 연구한 결과, 천재들과 성공한 사람들의 위대함과 탁월함은 타고나는 것이 아니라 학습되는 것이라는 결론을 도출해낸 적이 있다.

그는 위대한 위인들과 유명인들을 대상으로 그들의 성공의 비결에 대해 광범위하게 연구하고 분석을 하였다.

그가 연구한 위대한 인물들로는 아인슈타인, 마르크스, 다윈, 마오쩌둥, 프로이트, 나폴레옹, 히틀러, 테레사 수녀, 마틴 루터 킹, 에디슨, 마리 퀴리, 도스토옙스키, 그리고 세계 최고의 부자로 선정된 바 있는 마이크로소프트사의 빌 게이츠, 마이클 잭슨, 마이클 조던, 애거서 크리스티, 오프라 윈프리, 월트 디즈니, 마거릿 대처 등이 있다. 즉 그가 연구한 대상은 자신의 분야에서 세계 최고의 자리에 올랐거나 10년 이상 정상의 자리에 머물렀으며 눈에 띌만한 방식으로 세상과 자신이 속한 분야에 거대한 혁신을 이룬 인물들이었다.

진 랜드럼은 세습이나 결혼과 같은 타의적인 것들로 권력이나 부를 얻은 인물들은 제외시켰으며 오직 자신의 능력과 노력으로 위업을 이룬 인물들을 집중적으로 연구하고 분석하였다. 그가 내린 결론은 다음과 같다.

"성공은 타고나는 게 아니라, 학습되는 것이다."

이러한 결론을 도출해낸 그는 성공을 이끄는 8가지 열정 능력으로, 카리스마 · 승부근성 · 자신감과 자아존중감 · 의욕 · 직관 · 반항 · 모험 · 끈기를 들고 있다.

그가 제시하는 위대함에 이르는 8가지 특성 중에 마지막 특성에 우리는 주목해야 한다. 왜냐하면 다른 어떤 특성보다도 성공을 위해서 가장 중요하고 필요한 특성이기 때문이다. 그가 주장하는 8번째 특성인 끈기는 바로 끝까지 포기하지 않는 집념이다.

이것은 바로 자신의 성공적인 인생을 위하여 젊은 시절을 학문에 모든 것을 쏟아 부었지만 자신의 뜻대로 되지 않는다며 좌절하고 방황하면서 공부의 끈을 놓고 마는 이 시대의 40대들에게 꼭 필요한 특성이며 교훈임을 필자는 다시 한 번 깨우쳐 주고자 한다. 40대들이 다시 한 번 공부에 미친다는 것은 바로 끝까지 포기하지 않고 다시 시작하는 것과 다를 바 없기 때문이다.

뚝심이 없다면 40대 공부를 할 수 없다. 배짱이 없다면 40대 공부를 시작할 수 없다. 하지만 시작하게 되면 40대 공부를 통해서 우리는 누구보다 더 큰 꿈을 꿀 수 있게 된다. 그것은 누구보다 더 높은 하늘을 날고 있는 자신의 모습을 비로소 상상할 수 있는 뜨거운 가슴이 생기게 된다는 것이다.

40대여, 다시 한 번 공부에 미쳐보자. 우리는 아직도 가야 할 인생길이 반이나 남아 있다.

>> 당신은 고귀한 존재이다

신을 믿지 않는 사람일지라도 가끔은 우주나 자연의 신비 속에 감추어진 조물주의 능력에 놀라워하곤 합니다. 하지만 더 놀라운 사실은 신비와 경이로 가득 찬 이 우주도 오직 인간을 위해 만들어졌다는 사실입니다. 인간은 자연의 경이로움 앞에 압도되지만 정작 신과 이 우주는 우리 하나 하나의 영혼에 더 감탄합니다. 우리를 하찮게 보고 낮게 보는 것은 언제나 우리 자신입니다. 신과 우주가 당신을 바라보는 눈으로 자신을 바라보세요. 거대한 자연의 신비로움 그 이상의 경이와 신비가 당신 안에 잠들어 있습니다. 당신 자신의 가치를 올바른 눈으로 바라보세요.

– 「나를 위한 하루 선물」 중에서

40대 공부로 변화를 두려워하지 않고, 오롯이 즐길 수 있게 된다

『마흔 살의 책읽기』라는 책에서 저자 유인창 씨는 말한다.

"삶의 모습을 바꾸고 자신만의 길을 찾아 발을 옮긴다면 잊지 말아야 할 것은 시간이다. 변화의 길로 들어설 때 40대 이후의 10년은 절대 놓치면 안 되는 시간이다. 마흔의 10년을 흘려 보내면 쉰이라는 나이에 기대어야 한다. 마흔과 쉰이라는 나이는 느낌도 환경도 몸도 마음도 하다못해 어감도 엄청난 차이가 있다. 쉰이라고 해서 변화를 꾀하지 못할 나이는 아니지만 마흔에 시작하는 발걸음과는 과정도 결과도 다를 수밖에 없다. 40대의 땀으로 자신의 삶을 찾으면 쉰으로 넘어가는 시기부터는 삶의 토대를 튼실하게 만들 수 있다. 쉰에 시작하는 변화는 토대가 마련되면 예순이라는 나이로 달려간다. 시작하는 시간이 언제냐에 따라 누릴 수 있는 것의 종류가 달라지게 된다."

이처럼 우리가 삶의 모습을 바꾸고 자신만의 길을 찾아 발을 옮기고자 한다면, 반드시 40대에 시작해야 한다. 물론 50대, 60대에 시작해도 안 되는 것은 아니다. 하지만 그 결과가 많은 차이가 난다는 것이다. 이러한 사실을 알고 있으면서도 쉽게 변화를 시도할 용기가 없고 두려운 생각이 드는 것도 사실이다. 그렇다면 어떻게 해야 할까?

40대의 나이에 들어서면 변화가 두려울 수 있다. 그냥 지금까지 살던 대로 사는 것이 편하다라고 생각하며 자신이 하고 싶어하는 무엇인가를 포기한 채 스스로 미래를 외면한다. 하지만 변화를 시도하지 않는다면, 앞으로의 인생 또한 지금처럼 계속 후회하는 삶, 변화하는 세상을 허둥지둥 쫓아다니는 고달픈 삶이 지속될 것이라는 사실을 명심해야 한다. 이러한 사실을 잘 설명해주는 이야기로 개구리 실험이야기가 있다.

개구리를 뜨거운 물이 있는 솥에 집어 넣으면 너무 뜨거워 곧 바로 뛰쳐나온다고 한다. 그래서 개구리는 살 수가 있다. 하지만 개구리들을 처음부터 그 솥에 집어넣고 서서히 불을 지피게 되면, 처음에는 뜨겁지 않던 물이 서서히 온도가 올라가게 된다. 이때 개구리들은 온도가 뜨거워지면 뛰쳐나오기만 하면 살 수 있는데도 뛰쳐나오지 않고 그대로 있다가 뜨거워진 물로 인하여 죽는다는 것이다.
이러한 사실은 바로 변화를 시도하지 않을 때, 우리도 그와 같은 상황을 충분히 만날 수 있다는 것이다.

우리의 인생도 실험실의 개구리와 마찬가지라고 할 수 있다. 솥의 물이라고 할 수 있는 우리 삶의 주위 환경은 우리가 눈치채지 못하게 서서히 뜨거워져 가고 있고 변화되어 가고 있다. 하루하루 변화를 눈치챌 수 없지만, 1년이 지나서 보면 엄청나게 많이 변화되어 있고, 또 1년이 지나서 보면 더욱 엄청나게 변화되어 있다. 하지만 그 변화를 몸과 마음으로 확연히 알 수 있게 될 때는 아무리 자신이 변화하고자 몸부림쳐 봐도 이미 때는 늦은 것이다.

매일 자신을 발전시켜 나가고 변화를 시도하는 것이 매우 중요한 것이다. 가장 잘 나갈 때 변화가 필요 없을 것 같이 보일 때, 변화를 시도한 기업과 사람이 몇 년 후에 크게 성장하고 번영할 수 있다는 사실을 우리는 눈으로 보아왔다. 대표적인 사례가 바로 삼성전자다.

회사가 가장 잘 나가고 있을 때, 삼성그룹의 이건희 회장은 모든 사장단과 임원진에게 엄청난 변화를 주문했다.

"처자식만 빼고 다 바꿔라."

왜 이토록 가혹한 변화를 이건희 회장은 주문했을까? 그것은 그렇게 해야만 살아남을 수 있기 때문이다. 삼성은 다른 기업들이 변화의 중요성을 간과하고 있을 때, 엄청난 변화를 시도하며 그것을 즐겼던 것이다. 그리고 그 결과 세계 최고의 일류 기업으로 승승장구할 수 있게 되었던 것이다. 최근에도 이건희 회장은 삼성의 모든 임원진과 사원들에게 주문하고 있다.

"한눈 팔고 있다가는 삼성전자도 구멍가게가 될 수 있다."

우리가 변화를 두려워하지 말고 즐겨야만 할 이유는 이토록 매우 중요한 이유, 즉 살아남기 위해 반드시 필요한 것이다. 이러한 변화를 추구하느냐 하지 않느냐에 따라 인생이 달라지는 가장 대표적인 동물이 송골매이다.

송골매는 맹금 중의 맹금, 즉 왕 중의 왕이다. 날개의 한쪽의 길이가 30cm, 부리의 길이는 2.7cm 정도인 송골매는 부리와 발톱의 모양은 갈고리 모양이다. 천연기념물 제 323-7호이기도 하다. 송골매는 수명도 사람과 비슷한 70년이나 된다. 하지만 송골매는 평탄하게 살 수 있는 운명이 아니다. 처음 40년 동안은 가장 왕성한 삶을 살 수 있지만, 40년을 살게 되면 자신의 몸에 털이 너무 많이 자라서 그 털 무게 때문에 제대로 날 수도 없을 뿐만 아니라 사냥에 가장 중요한 부리와 발톱은 뭉툭해지고 무디어져서 더 이상 사냥이 불가능한 상태가 되어 큰 위기가 찾아오게 된다.

하지만 송골매는 이 위기의 상태에서 새로운 변화를 스스로 모색한다. 송골매는 산 정상으로 올라가서 자신의 털을 스스로 부리로 뽑고 바위에 부리를 부딪히게 하여 부러뜨리고 발톱마저 다 뽑아버린다.

이러한 일생일대의 큰 변화를 통해서 송골매는 다시 왕 중의 왕으로 또 다른 30년을 멋지게 날아 오를 수 있는 것이다. 만약에 송골매가 그냥 자포자기하여 자신에게 주어진 운명과 같은 순간에 변화를 추구하지 않고 그대로 있었다면 절대로 새로운 30년이란 세월은 주어지지 않았을 것이다. 송골매는 자신에게 찾아온 이러한 운명 같은 상황에서 변화를 추구하여 지금까지 살았던 40년보다 더 멋진 30년을 살아갈 수 있는 것이다.

변화는 두려워해야 할 대상이 아니라, 우리가 시도하고 추구하고 즐겨야 할 대상이다. 비록 털을 뽑고 부리를 부러뜨리고 발톱을 뽑는 것이 힘이 들고 고통이 수반되는 행위더라도, 앞으로 펼쳐질 멋진 30년의 인생을 생각하면 비교도 되지 않을 만큼의 작은 고통인 것이다.

이러한 인생을 사는 동물은 사냥을 주로 해서 먹고 사는 송골매뿐만 아니라 죽은 동물의 시체를 주로 먹고 사는 독수리도 마찬가지이다. 독수리도 수명이 80년 정도 되는 동물이다. 하늘의 무법자라고 불리는 독수리들은 우리가 보기에도 별 문제 없이 오랜 세월 승승장구할 것처럼 보이지만 독수리 역시 변화를 추구해야만 할 시기가 반드시 찾아 온다.

독수리는 죽은 동물을 주로 먹고 살기 때문에, 독수리의 부리는 동물의 질긴 살가죽을 잘 찢을 수 있도록 뾰족하고 휘어져 있는데 처음 40년 동안은 문제 없이 살 수 있지만, 수명이 긴 탓에 40년이 지나면서 피할 수 없는 문제가 발생한다. 바로 발톱과 부리가 길어져서 자신의 몸을 찔러서 죽는다는 것이다. 그리고 다행히 자신의 몸을 찔르지 않고 발톱과 부리가 길어지는 독수리도 있지만, 결국에는 너무 길어진 부리 때문에 먹이를 제대로 먹지 못해 죽을 수밖에 없다고 한다. 대부분의 독수리들은 40년 동안 멋지게 살다가, 주어진 이러한 환경과 처지에 순응하여 생을 마감하게 된다. 하지만 매우 극소수의 독수리들은 용감하게 변화를 추구한다라는 사실이다. 극히 소수의 독수리들은 부리와 발톱을 부러뜨리면서 자신에게 주어진 숙명을 정면으로 거부한다는 것이다. 그 결과 또 다른 40년의 기간을 하늘의 무법자로 살아간다고 한다.

이 이야기의 원천은 송골매의 환골탈태 우화이다. 뼈를 갈아 끼우는 환골(換骨)과 태를 벗긴다는 탈태(奪胎)를 통해 30년을 더 산다는 송골매의 환골탈태 우화는 많은 경영혁신 서적과 강연장에서 자주 사용되는 테마이다.

하지만 필자는 이제부터 송골매의 환골탈태 우화가 송골매나 독수리 등에 적용되는 이야기가 아니라, 바로 우리 인간들에게 가장 잘 적용되는 이야기라는 점을 말하고 싶다. 왜냐하면 과거 수백 년 동안 인간의 평균수명은 40살도 되지 않았다. 평균적으로 70살 이상을 살고 있는 현대의 인간은 바로 환골탈태를 통해 30년이라는 수명을 얻게 된 우화 속의 주인공인 송골매라고 말할 수 있다.

인간은 과학과 기술, 의학의 발전으로 인하여 인류의 평균수명을 30년 이상 더 연장하였다. 이제 남은 것은 각 개인들이 그 연장된 30년을 저 우화 속의 송골매처럼 멋지게 살 것인지 아니면 육체적인 생명만 연장되었을 뿐, 꿈도 없이 희망도 없이 좌절 속에서 마지 못해 그냥 하루하루 전전하면서 살 것인지를 선택해야 한다는 점이다.

40대 인생은 또 다른 인생인 셈이다. 그래서 그 또 다른 인생을 제대로 잘살기 위해서 우리에게 필요한 것은 공부를 통해 우리의 사고를 확장시키고 공부를 통해 자신을 뛰어넘고 공부를 통해 보다 넓고 큰 세상을 만드는 것이다.

이 이야기에서 중요한 사실은 20대 때는 아무리 변화를 추구한다 해도 그것은 무용지물이라는 것이다. 그때는 변화를 추구하지 않아도 되기 때문이다. 그때는 삶 자체가 바로 변화이고 성장이다. 그렇기 때문에 그때는 변화를 추구한다 해도 이미 날카로운 부리와 발톱이 건재한 시기이므로 불필요할 뿐이다. 단지 그때는 변화를 추구한다기 보다는 성장을 추구해야 하고 발전을 추구해야 하는 시기인 것이다.

진정 변화가 필요한 시기는 인생 40대이다. 40대 때 변화에 성공하지 못하면, 독수리처럼 그렇게 자신에게 주어진 운명을 받아들여야만 할 것이고 그렇게 사라져가야만 할 것이다. 이러한 점에서 우리 인생에서 가장 중요한 때는 20대가 아니라 바로 40대라고 볼 수 있다.

"우리 시대의 가장 위대한 발견은, 인간이 자신의 태도를 변화시킴으로써 삶을 변화시킬 수 있다는 것이다."

심리학자인 윌리엄 제임스의 말이다. 즉 그는 자기 자신의 변화를 통해서 자신의 운명이 바뀔 수 있다고 말했다. 좀 더 구체적으로 말하면,

"생각이 바뀌면 태도가 바뀌고, 태도가 바뀌면 행동이 바뀌고, 행동이 바뀌면 습관이 바뀌고, 습관이 바뀌면 인격이 바뀌고, 인격이 바뀌면 운명이 바뀐다."

우리는 변화를 추구해야 한다. 우리 자신의 변화를 추구하면 그것이 곧 삶의 변화로 이어지고, 그것은 또한 우리가 머물고 있는 이 세상의 변화로 이어질 것이다. 우리의 운명을 바꾸는 것은 큰 행운이나 큰 성공이 아니라 작은 변화에서부터 시작된다는 것이 매우 중요한 사실이다. 그것도 눈에 보이는 행동이나 습관에서부터 시작되는 것이 아니라 더욱 더 작아서 보이지 않는 것, 즉 생각의 변화인 것이다.

자. 40대여, 다시 한 번 일어나 변화하라. 멋진 새로운 또 하나의 인생을 위해서 변화를 즐기며 그 변화의 중심에 자신을 세워보도록 하자.

≫ 꿈, 그 자체가 희망이다

꿈이 없는 사람은 하루하루 쌓이는 인생의 무게에 짓눌려 시간이 흐를수록 희망을 잃어갑니다. 꿈은 그 자체만으로도 사람에게 희망을 줍니다. 꿈은 더 나은 삶에 대한 가능성입니다. 아름다운 꿈을 품으세요. 당신에게 희망과 미래를 선물할 가장 아름다운 꿈을 가지세요.

– 「나를 위한 하루 선물」 중에서

40대 공부로
뜨거운 열정을 품을 수 있게 된다

40대가 되면서 아침마다 눈을 뜨는 것이 매우 힘겹게 느껴지는 사람들이 많다. 왜 그럴까? 그것은 바로 우리가 매일 하는 일이 우리로 하여금 가슴 뛰게 하며 우리를 행복감으로 미치게 할 정도로 우리가 좋아하는 일이 아니기 때문이다. 대부분의 사람들이 돈벌이를 위해서 하루하루를 허덕이며 일을 하고 있다. 진정 자기를 행복하게 해주고 자신의 마음속 깊은 곳에서 잠자고 있는 열정을 깨울 수 있게 해주는 그러한 가슴 뛰게 해주는 일 대신, 먹고 살기에 급급하여 돈벌이만을 위한 일을 한다는 점이다.

자신의 적성이나 자신의 꿈과 전혀 상관없는 생업, 그리고 자신의 기쁨이나 즐거움을 저버리는 무미건조한 생업은 자신의 인생을 살리는 생업이 아니라 자신의 참다운 인생을 죽이는 마지못해 하는 일에 불과하다.

40대에는 행복한 삶을 추구해야 한다. 아니 힘든 삶을 살아온 40대이기에 행복해져야만 할 권리가 있는 것이다. 인생은 단 한 번 뿐이다. 그러므로 자신이 진정 좋아하는 일을 할 권리가 있다. 그리고 그러한 권리를 찾도록 도와주는 것이 바로 40대 공부임을 명심해야 한다.

날마다 아침마다 잠자리에서 벌떡 일어나게 만드는, 그러한 열정이 넘치고 에너지가 다시 솟아나며 가슴 뛰게 만드는 그러한 일을 찾아야 한다.

수많은 성공학자들과 자기계발 서적의 저자들이 한결같이 주장하는 중요한 성공의 비결 중에 하나는 '자신이 진정 좋아하는 일을 찾아서 그것을 하라'는 것이다. 이것이 왜 중요한 성공의 비결일까?

월급을 많이 받고 돈을 많이 벌 수 있는 일을 한다면 오히려 더 빨리 부자가 되는 것이 아닌가? 라고 의구심을 품을 수 있다. 물론 세상은 그렇게 우리를 현혹한다. 그래서 많은 사람들이 이러한 현혹에 넘어가서 자신이 진정 좋아하는 일보다 돈을 많이 벌 수 있는 일을 선택한다. 하지만 결과는 과연 어떨까?

흥미로운 점은 재미있고 좋아하는 일을 선택한 사람이 돈만 보고 일을 선택한 사람보다 훨씬 더 큰 성공을 거두고 훨씬 더 큰 부자가 된다라는 사실이다.

성공하거나 부자가 되는 사람들의 공통점은 바로 '일'에 끌려 다니는 인생이 아니라, '일'을 주도하고 즐기며 그것으로 인해 행복해 한다는 점이다. 이 두 가지의 차이는 눈에 보이지는 않지만 우리에게 끼치는 영향은 매우 크며 광범위하다.

그래서 어떤 사람은 일을 하면 에너지가 다 소모되어 몸과 마음이 지치고 모든 능력이 고갈되는 것을 느낀다. 하지만 어떤 사람은 일을 하면 할수록 에너지가 샘 솟고 몸과 마음에 알지 못했던 힘이 솟아나고 자신도 미처 몰랐던 능력이 발휘되는 것을 느낀다.

이 두 사람의 차이가 바로 돈벌이를 위하여 일의 노예가 되는 사람과 자신의 가슴을 뛰게 하는 일로 일의 주인이 되는 사람의 차이이다.

탁월한 성공을 거두고 일을 통해 큰 부자가 된 사람들에게 왜 당신은 아직도 일을 하나요? 이제는 충분히 벌었잖아요? 라고 물어보면 그들은 하나같이, 자신이 하고 있는 일이 자신을 행복하게 하고 가슴 뛰게 하고 즐겁게 해주기 때문에 일을 한다는 것이다. 결코 돈벌이 때문에 일을 하는 것이 아니라는 것이다. 자신이 좋아하는 일을 정신 없이 하다 보니 돈이 따라왔다는 것이다.

세계적인 투자전문가이며 부호인 워런 버핏은 자신에게 어떻게 부자가 되었느냐는 질문을 받으면 다음과 같이 답변한다고 한다.

"여러분이 좋아하는 일을 택하세요. 그러면 성공은 자연히 따라오게 됩니다."

그렇다고 돈을 많이 벌기 위해서 자신이 좋아하는 일을 하라는 것만은 아니다. 돈을 많이 벌고 사회적으로 성공하는 것을 제외하더라도 자신이 좋아하는 일을 해야 하는 더 중요한 이유는 따로 있다. 그것은 바로 자신이 좋아하는 일을 할 때, 자신의 내면에 숨겨져 있고 잠자고 있던 수많은 재능과 상상력과 지혜와 통찰력이 비로소 깨어날 수 있는 유익함이 있기 때문이다. 그것은 마치 막혔던 물길이 외부의 큰 힘을 통해 비로소 뚫려서 물이 시원스럽게 흘러 내려가는 것과 같은 이치이다.

좋아하는 일을 하면 답답하게 막혔던 물이 시원스럽게 흐르듯이 우리 내면에 존재하던 수많은 흥미와 에너지, 재능들이 깨어나서 한 곳으로 흐르게 된다. 우리 인간의 내면의 바다에 흘러들어서 결국에는 다양한 재능과 흥미와 기쁨과 에너지와 재능과 지식과 경험들이 모두 그곳에서 만나게 되고 결합되어서 상상도 못 할 일을 해내게 되는 것이다. 그렇기 때문에 자신이 좋아하는 일을 하는 것이 무엇보다 중요하다고 할 수 있다.

베스트셀러인 『죽음의 수용소에서』의 작가이며 심리학자인 빅터 프랭클은 다음과 같이 말했다.

"일은 돈을 뛰어넘는 귀중한 가치 실현의 기회이다."

우리가 하는 일이 단지 돈벌이만을 위한 일이라면 그것은 너무나 큰 낭비일 수 있다. 일은 돈을 뛰어넘어 자신을 행복하게 해주고 자신의 가슴을 뛰게 해주며 자신이 살아 있다는 것을 온몸으로 느끼게 해준다. 일은 세상과 타인에게 가치 있는 것을 생산해줄 수 있는 그러한 가치 실현인 것이다.

일을 통해 자신의 존재가 발전되고 존재 가치가 실현되고 열정이

샘솟고 자신의 가슴이 뛰는가?

만일 그렇지 않다면 자신의 가슴을 뛰게 하는 일을 찾아야 한다. 왜 나하면, 성공을 하기 위해서뿐만 아니라 이것 외에도 다양한 유익함이 있기 때문이다. 가슴 뛰는 일을 하게 되면, 누구보다 일을 하는 동안 자기 자신이 행복해질 수 있다. 그리고 자신이 행복해지면 그 행복이 주위 사람들에게 고스란히 전파되어서 주위 사람들도 행복해질 수 있다. 그리고 가슴 뛰는 행복한 일을 하면 실패나 시련을 겪어도 쉽게 그 일을 포기하지 않는다. 가슴 뛰게 하는 일이기 때문에 아무리 실패해도 다시 도전할 수 있는 힘이 되어주기 때문에 결국에는 성공하게 된다. 그리고 자신이 좋아하는 일을 하게 되면 매사에 긍정적이고 밝고 희망찬 모습을 주위 사람들에게 유감없이 보여줄 수 있게 됨으로써 많은 사람들이 자신을 좋아하게 되고 주위에 사람들이 모여들게 된다. 인간의 인내나 의지는 한계가 있지만, 자신이 좋아하는 일 자신의 가슴을 뛰게 만드는 일을 하게 되면 절대 포기하지 않고 끝까지 할 수 있게 된다. 그래서 그 분야에서 대가가 될 수 있다.

『성경』에서도 이와 비슷한 말이 나온다.

'그러므로 나는 사람이 자기 일에 즐거워하는 것보다 더 나은 것이 없음을 보았나니, 이는 그것이 그의 몫이기 때문이라.' (전도서 3장 22절)

자기가 하는 일에 즐거워할 수 있다면 이것보다 더 나은 것이 있겠는가. 인간은 가정에서보다 직장에서 더 많은 시간을 보내고 있다. 평생 동안 계산해보면, 사람은 노는 시간보다 일하는 시간이 훨씬 더 많다. 그렇기 때문에 자신이 하는 일이 자신의 가슴을 뛰게 할 만큼 자신이 좋아하는 일이라면 그 사람은 더 이상 무엇이 부러울 것인가? 그 사람은 이미 인생에서 가장 큰 행복을 가지고 있는 사람인 것이다.

똑같은 40대를 살고 있지만 누구는 '사는 것이 너무 재미없다.' 라고 말한다. 하지만 어떤 사람은 '사는 것이 너무 재미있다.' 라고 말한다. 과연 그 차이는 무엇일까?

돈이 아무리 많다고 사는 게 무조건 재미있는 것은 아니다. 아무리 큰 성공을 한다 해도 그것만으로 삶이 재미있다고 말할 수는 없다. 우리는 엄청난 부자들이 우울증으로 자살을 하고 큰 성공을 한 연예인들과 기업인들이 자살을 하는 경우를 보도를 통해 자주 접하고 있다. 사는 것이 힘들고 고달프고 탈출구가 더 이상 없다고 생각하기 때문에 자살을 선택하는 것이 아닐까?

'사는 게 너무 재미있다.' 라고 말하면서 살아갈 수 있는 방법 중의 하나는 자신을 미치도록 행복하게 하는 일을 찾아서 그 일에 미쳐보는 것이다.

40대 공부를 통해, 우리는 무엇보다 뜨거운 열정을 품게 될 수 있다. 그것은 인생을 더 활기차고 더 열정적으로 살아가는 데 있어서 매우 중요한 조건을 갖추게 되는 것이다.

진시황은 한비자(韓非子)의 저서를 읽다가 알 수 없는 열정과 감동이 솟아나는 것을 느낄 수 있었다. 그래서 다음과 같은 말이 입에서 자신도 모르게 튀어나왔다. 그토록 죽기를 싫어하고 두려워했던 진시황이 아니었던가?

"이 책을 지은 사람을 만날 수만 있다면 죽어도 한이 없겠다."

이처럼 책을 보고 공부를 하게 되면 옹졸하고 편협한 인간도 열정에 사로잡혀 순수한 인간으로 되돌아갈 수 있는 것이다.

공부의 위력은 실로 대단하다. 나폴레옹으로 하여금 전쟁터에서도, 말 위에서도 책을 보게 하는 열정을 심어준 것은 바로 그가 평생 포기하지 않았던 공부였다. 그는 특히 손자병법에 대한 공부를 게을리 하지 않았다. 그로 하여금 정복자가 될 수 있도록 해준 것이 바로 동·서양의 병법을 두루 설렵하여 자신의 전쟁에 활용할 수 있었던 병법에 대한 공부였던 것이다. 그가 수많은 전쟁에서 승리한 것보다 더 큰 유익함은 바로 그로 하여금 말 위에서도 책을 읽을 만큼 열정적인 사람이 될 수 있게 해주었다는 것이다.

공부를 하는 사람은 나이에 상관 없이 활기차고 열정적이다. 그 이유는 새로운 것을 끊임없이 배우고 익히는 사람은 누구보다 뇌가 활동적이고 기능적으로 변하기 때문이다. 노화가 쉽게 되는 것은 뇌가 쉬기 때문이다. 뇌가 쉬지 않고 잘 기능하고 활동적이 되면, 뇌는 우리로 하여금 노화가 되지 않고 젊음을 유지할 수 있도록 명령을 내린다. 반대로 건강하게 사회생활을 하던 사람들이 은퇴를 하는 순간, 갑자기 늙어버리고 건강도 안 좋아지는 것은, 뇌가 '이제 인생을 다 살았구나, 이제 내가 할 일이 없구나' 하는 부정적인 인식을 하기 때문이다. 이러한 인식을 하게 되면, 우리의 뇌는 우리 몸의 각 부분에 알게 모르게 이제 죽을 때가 되었다는 메시지를 보내게 된다. 그 결과 건강하게 사회 생활을 하던 사람들이 갑자기 여기저기 몸이 아프고 급작스럽게 늙어버리는 것이다.

하지만 공부를 하는 사람들은 이와 반대로 '아직도 새로운 것을 배우고 있구나, 아직도 한창 나이구나' 라는 긍정적인 메시지를 보내게 된다는 것이다. 그것을 우리의 뇌가 인식을 하고서 젊음의 메시지를 온몸에 구석구석 보내게 되고, 그 결과 없던 열정과 젊음이 계속해서 샘물처럼 솟아나게 되는 것이다.

>> 습관(習慣)

한 사람이 가지고 있는 습관은 다양합니다. 아주 사소한 행동적인 습관부터 사고방식이나 학습 습관 같은 정신적이면서 중요한 습관들도 있습니다. 습관은 제2의 천성입니다. 때문에 우리의 다양한 습관들은 사소한 것이든 중요한 것이든 우리 자신이 인식하지 못하는 사이에 많은 영향력을 끼치고 있습니다. 우리는 스스로 좋은 습관은 발전시키고 나쁜 습관은 우리의 인생에 더 큰 악영향을 끼치기 전에 제거해야합니다. 반복적인 행동이 습관이 되고 습관이 바로 우리의 운명을 만든다는 것을 기억하세요.

– 『나를 위한 하루 선물』 중에서

40대 공부로 인생을 역전시킨 인물들의
위대함을 배울 수 있다

인생의 산전수전을 다 겪은 후, 인생의 중년인 40대가 되어서 비로소 공부에 뜻을 두고 인생을 역전시킨 사람들은 동서고금을 통하여 많이 존재한다. 먼저 중국의 한 무제 때 인물인 공손홍(公孫弘)에 대해 살펴보자.

그는 한나라 때 인물로 산둥지방에 살았다. 전직이 옥리(獄吏)였다. 하지만 그 직업에서조차도 죄를 짓고 쫓겨나게 되는 고초를 겪게 된다. 결국 그는 시골에서 돼지를 키우면서 생계를 꾸려 나갔다. 하루하루를 희망도 없이 도전도 없이 말 그대로 생명만 연장시키며 사는 사람이 되었다.

하지만 그는 나이 40이 되어서 학문에 뜻을 두기 시작했다. 즉 40대 공부를 시작한 것이다. 돼지를 키우며 생계를 꾸려 나가야 하는 그에

115

게, 40대 공부라는 것이 지금처럼 쉬운 일이 아니었을 것이다. 하지만 그는 『춘추잡설(春秋雜說)』을 독학하며 공자가 말한 공부의 기쁨을 누리며 세상을 사는 맛에 흠뻑 빠져들었던 것이다. 그렇게 20년의 세월이 흐른 후, 그의 공부는 비로소 빛을 발하기 시작했다. 그의 학문이 점차 인정을 받기 시작했던 것이다. 급기야 그는 지방관의 추천을 받아 일약 조정의 박사(博士)로 임명되었다. 하지만 그는 관직에서 다시 물러나는 시련을 겪게 되었지만 40대 공부를 통해 자신을 뛰어넘고 세상의 풍파에 흔들리지 않는 큰 그릇으로 자신을 발전시킨 탓에, 좌절 하지 않고 세상의 흐름을 의연하게 받아들였다. 그리고 또다시 66세 때 다시 조정에 들어가게 되었다. 그는 변함없이 경거망동 하지 않았고 언행심사에 예를 다해 실천하였다. 비로소 76세 때 승상의 위치에 오르게 되었다. 그로 인해 그는 중국 역사에 큰 족적을 남기는 인물이 될 수 있었고 인생의 후반기에 멋진 삶을 일구어낸 인물이 되었다.

만약에 그가 인생의 40대 때, 자신의 현실에 자포자기하여 돼지를 키우며 하루하루를 아무 목표도 없이 보내면서 공부에 뜻을 두지 않았다면 그가 과연 승상이 될 수 있었을까?

40대 공부를 통해 인생을 역전시키고 큰 성공을 거둔 사람이 어디 그뿐이겠는가? 현대에도 많은 사람들이 40대 공부를 통해 인생을 역전시키고 있으며 이미 자신의 인생을 역전시킨 사람들도 있을 것이다. 이미 역전시켜 성공의 길을 가고 있는 사람 중에는 다양한 분야의 사람들이 존재한다.

그중 한 명이 화가 폴 고갱이다. 그는 빈센트 반 고흐, 폴 세잔과 함께 20세기 현대 미술에 지대한 영향을 미친 화가로 꼽힌다. 그가 이렇게 영향력 있는 화가가 될 수 있었던 것은 40대의 도전 때문이었다. 그는 증권거래소 직원이었다. 증권거래소 직원의 삶은 안정과 평화와 만족스러운 생활을 보장했다. 하지만 그는 43세에 회화에 대한 열정 때문에 안정된 증권거래소 직원의 삶을 과감하게 포기하고 화가의 길에 전념하기 위하여 타히티 섬으로 떠났다. 비록 그의 삶은 순탄하지 않았지만, 그는 40대의 나이에 자신의 꿈을 위해 도전할 수 있었던 사람이었다.

정신분석학의 대가이며 창시자로 평가받고 있는 지그문트 프로이트가 의사라는 안정된 직업을 포기하고서 심리학 공부를 정식으로 시작한 것이 바로 40세 때였다. 그는 자기 자신이 진정으로 원하는 것이 무엇인지를 깊이 있게 고민한 결과, 심리학이야말로 자신이 공부해야 할 분야라는 것을 깨달았던 것이다.

40대는 가장 좋은 혁명의 시기이고 역전을 준비할 수 있는 시기이다. 하지만 40대를 훨씬 넘어서도 역전에 성공한 인물들은 너무나 많다. 그중 한 명이 미국의 국민화가 모세스 할머니이다.

미국에서 '국민화가'로 평가받는 '모세스 할머니'(Grandma Moses)는 76세에 화가의 삶을 시작했다. 그 결과 79세에 개인전을 열었으며, 101세 되던 해 세상과 이별하기 전까지 붓을 놓지 않고 그림을 그린 것으로 유명하다. 그녀는 평범한 시골주부였지만, 72세 때 관절염 때문에 자신이 좋아하던 자수를 할 수 없게 되었다. 그때 주위 사람들의 제안으로 그림공부를 시작 했고 결국 화가가 되었다. 70세를 넘은 평범한 가정 주부가 전혀 다른 세계인 화가로서의 삶을 살았던 것이다.

영화 <슈렉>의 원작 동화인 『Sherk!』을 쓴 윌리엄 스타이그가 동화 작가의 길을 시작한 것은 그의 나이 61세 때였다. 평생을 바쳐 작업한 카툰과 그림으로 인해 편안한 노후가 보장되었음에도 불구하고 새로운 인생을 출발한 그는 95세의 나이로 세상과 이별하기 전까지 동화 작가로서의 삶을 살았다.

이렇듯 새로운 인생을 살고 새로운 분야에 도전한 사람들은 하나같이 오래 살았다. 그 이유가 무엇일까?

그것은 아무 꿈도 없이 하루하루 사는 사람들은 도저히 가질 수 없는 꿈을 이루기 위해 날마다 자신이 진정으로 하고 싶은 일을 했기 때문이라고 할 수 있다.

이탈리아의 세계적인 작곡가 주세페 베르디는 걸작 오페라 『파스타프』을 무려 80세의 나이에 작곡했다. 그리고 현대 경제학의 창시자로 칭송받고 있는 피터 드러커 박사는 『넥스트 소사이어티』란 위대한 책을 93세에 집필했다.

우리가 40대 공부에 미치기만 한다면, 어떤 일도 해낼 수 있다라고 필자는 자신 있게 말할 수 있다.

당신을 위대함으로 이끄는 것은
재능이 아니라 위대한 공부이다

위대한 사람들이 보통 사람들과 다른 것은 그들의 재능·능력·실력·지식이 아니다. 위대한 사람들이 보통 사람과 다른 가장 근본적인 것은 바로 그들의 생각이다. 위대한 사람들의 생각은 보통 사람들의 그것보다 위대하기 때문에 위대한 인생을 살았던 것이다.

평범함을 뛰어넘게 만드는 유일하고도 근본적인 것은 바로 위대한 생각이다. 하지만 문제는 평범한 사람들은 도저히 위대한 생각을 항상 할 수 없다는 것이다.

인생은 날마다 선택하게 되는 수많은 선택의 결과로 나타난다고 할 수 있다. 그렇다면 그 선택을 결정하는 것은 우리의 생각이다. 여기서 위대한 생각을 하는 사람과 평범한 생각을 하는 사람이 갈린다. 그리고 위대한 생각을 할 수 있는 사람과 그렇지 못한 대다수의 사람을 가르는 것은 그 사람이 지금까지 했던 공부의 양과 질이다.

위대한 공부를 한 사람은 아무리 해도 평범한 생각을 할 수가 없다. 이미 위대한 사고의 틀이 형성되어 있기 때문이다. 반면에 평범한 공부를 한 사람은 아무리 해도 위대한 생각을 할 수가 없다. 왜냐하면 그들의 생각은 그들이 한 공부의 테두리를 벗어날 수 없기 때문이다.

공부한 만큼 생각하기 때문이다. 이런 점에서 위대한 공부를 하지 않고서 위대한 생각을 할 수 있었던 사람은 존재하지 않는다.

'임금이라도 공부는 반드시 해야 한다.' 라고 말하면서 평생 위대한 공부를 했던 세종대왕, '풍전등화와 같은 나라를 구할 길은 공부뿐' 임을 깨닫고 위대한 공부를 하여 23전 23승이라는 위대한 전쟁사의 영웅이 된 이순신장군, '배우고 때로 익히면 즐겁지 아니한가.' 라며 공부의 참된 기쁨을 주장한 공자, '미국인들이 다시 책을 읽게 만들겠다' 고 말한 위대한 여성 오프라 윈프리, '열등감과 정체성의 혼란도 공부를 이기지 못한다' 라는 사실을 알고 위대한 공부를 한 미국 최초의 흑인 대통령 버락 오바마, '백 년도 못 되는 인생, 공부를 하지 않는다면 이 세상에 살다 간 보람을 어디서 찾겠는가?' 라고 말하면서 위대한 공부의 중요성을 일깨운 다산 정약용, '수많은 좌절과 시련에도 공부만은 포기할 수 없다' 라고 말한 링컨, '독방의 사형수에게도 희망은 있다. 그것은 바로 공부이다.' 라고 말하면서 독방에서 사형수의 신분으로 위대한 책을 집필한 보이티우스 등은 모두 '위대한 공부를 했던 사람들' 이다.

만고불변의 진리 중 하나는 '무엇을 심든, 심은 대로 거둔다' 라는 것이다. 이 말은 공부에도 그대로 적용이 된다. 위대한 공부를 한 사람은 위대한 인생을 사는 것이다. 그리고 평범한 공부를 한 사람은 평범한 인생을 사는 것이다. 이것이 자연의 정한 이치인 것이다.

그렇다면, 왜 위대한 재능이 아닌 위대한 공부가 사람들에게 위대한 인생을 가져다 주는 것일까? 그 이유는 무엇일까?

그것은 인간의 놀라운 미스터리인 '생각의 힘' 에 있다. 즉 인간의 놀라운 신비는 바로 생각에 따라 변화할 수 있다는 점이다.

참새는 평생 참새로 살아야 하고, 고양이는 평생 고양이로 살아야 한다. 물고기는 평생 물속에서 살아야 한다. 물 밖에 나오면 죽을 수밖에 없다. 아무리 힘이 센 고래라고 할지라도 물속을 벗어나고 싶다고 물 밖으로 나오면 죽을 수밖에 없다.

하지만 인간은 자신의 생각의 크기에 따라서 얼마든지 달릴 수 있고 날 수 있다. 그것이 인간에게만 주어진 생각하는 능력의 위력이다. 인간은 이제 물속에서도 살 수 있고, 하늘에서도 살 수 있고, 심지어는 우주에서도 살 수 있게 되었다. 바로 '위대한 생각' 을 했던 위대한 사람들 때문에 이것이 가능하게 된 것이다.

너무 큰 생각을 했기에 그 당시 사람들에게는 미쳤다는 소리를 들었던 위인들 덕분에, 인류의 문명과 기술이 지금 여기까지 오게 되었던 것이다.

인간은 육체적으로 매우 약한 동물임에 틀림없다. 하지만 인간은 물속에 들어가 탐험할 수도 있고, 기구의 힘을 이용하여 하늘을 날 수도 있다. 무엇보다 인간은 무한 상상력과 사고력을 키우는 공부를 통해, 얼마든지 참새와 고양이와 같은 인생에서 벗어나서 하늘의 무법자인 독수리와 정글의 왕인 호랑이와 사자와 같은 인생을 살 수 있다. 생각의 힘을 키우는 유일한 방법인 위대한 공부를 통해 한 마디로 거인이 될 수 있는 것이다.

생각이 크면 클수록 더 큰 인생을 살 수 있다. 더 충만하고 풍요로운 인생을 살 수 있게 된다. 만약 동물에게 생각하는 힘이 주어진다면, 인간이 그들의 노예가 될 수도 있을 것이다. 그만큼 생각하는 힘은 우리의 상상을 초월한다. 그래서 아무리 위대한 재능을 가진 사람이라도 생각이 받쳐주지 못한다면 타인의 밑에서 평생 월급쟁이로 시키는 일만 하는 사람이 될 수 밖에 없다.

위대한 재능은 없더라도 위대한 공부를 통해 위대한 생각을 할 수 있는 사람은 위대한 재능을 가진 이들보다 훨씬 더 위대한 일을 기획하고 상상하고 창출해 낼 수 있다. 심지어는 자신보다 더 큰 능력을 가진 사람들을 자기 밑에 고용하여 월급을 주는 위치에 있을 수도 있다. 그래서 위대한 인생을 살게 하는 것은 위대한 재능이 아니라 위대한 생각을 할 수 있게 하는 위대한 공부라는 것이다.

누군가는 '인간의 생각이 정말로 그토록 위대한 힘을 가진 것일까?'라고 반문할 수도 있을 것이다. 그렇다면 인간의 생각이 얼마나 위대한 것인지 살펴봐야 할 것 같다. 인간의 생각이 얼마나 위대한 것인지 이해할 수 있는 사례들은 너무나 많다.

1981년 테네시 대학의 건강과학센터에서 측정된 연구 결과이다. 환자들에게 '나는 나을 것이다. 나는 좋아지고 있다.' 라는 긍정적인 생각을 하게 한 후에, 그 전과 그 이후의 척수액에서 발생되는 엔도르핀을 측정해 보는 실험을 실시했다. 그 결과는 매우 놀라운 것이었다. 왜냐하면 어떠한 화학 주사나 물질을 투입하지 않고도 오직 생각만으로 인체내 엔도르핀 수준이 높아질 수 있다는 사실이 밝혀졌기 때문이다. 즉 우리가 하는 생각은 몸의 화학 작용을 변화시킨다는 것이다. 하지만 이것이 전부가 아니다. 우리가 하는 생각은 우리 몸의 화학작용만 바꿀 수 있는 것이 아니라, 우리 인생을 전부 바꿀 수 있는 위력을 가지고 있다라는 사실이다. 인생이란 우리의 생각이 만들어내는 것이다. 아인슈타인이 남긴 말 중에 이런 말이 있다.

"생각할 수 있는 것은 모두 실현 가능하다."

이왕 생각을 해야 한다면 시시한 생각이나 자신의 발전을 가로막고 자신을 평범한 사람으로 이끄는 평범한 생각보다는, 자신을 위대함으로 이끄는 위대한 생각을 하는 것이 좋다. 왜냐하면, 평범한 생각을 하는 사람이 그 생각 이상으로 위대한 삶을 사는 경우는 절대 없기 때문이다.

벼룩은 매우 작은 곤충이다. 몸길이가 보통 2~4mm 정도로 매우 작다. 하지만 벼룩은 자신의 키보다 몇 십 배에서 몇 백 배나 높이 뛸 수 있는 잘 발달된 다리가 있다. 그런데 이 벼룩조차도 정형화된 생각의 틀 속에 갇히게 되면, 자신의 능력을 모두 발휘하지 못하게 된다.

벼룩을 투명 유리상자에 넣고 원래 높이 뛸 수 있는 높이를 관찰하면 자신의 키의 몇 십 배나 몇 백 배를 가볍게 뛴다. 하지만 그 유리상자에 또 다른 투명한 유리판을 벼룩의 키 높이보다 약간만 높은 위치에 고정시켜놓으면 벼룩들은 처음에는 머리에 상처를 입을 정도로 많이 뛰어 오르려고 시도를 한다. 하지만 시간이 흐를수록 그 유리판 높이만큼 뛰려고 하는 벼룩은 줄어든다. 급기야는 어떤 벼룩도 그 높이만큼을 뛰지 않는다는 것이다. 그리고 일정 시간이 지난 후, 그 유리판을 제거해도 그 안에서 그러한 자신의 무기력함을 경험한 벼룩들은 더이상 그 높이 이상을 뛰지 못하게 된다는 것이다.

인간 역시 벼룩처럼 인생의 유리판에 제동이 걸려서 능력을 제대로 발휘하지 못하게 되어 스스로 나의 능력은 겨우 이 정도밖에 안 된다는 무기력함을 학습하고 또 학습하여 남은 것은 패배의식과 무기력함뿐일 수 있다는 것이다. 우리를 가로막는 장애물은 바로 학습된 무기력, 즉 우리의 잘못된 생각인 것이다.

코끼리 사육에도 이와 비슷한 원리가 사용된다고 한다. 새끼코끼리는 힘이 약하기 때문에 작은 말뚝에 가는 줄로 묶어놓아도 말뚝을 뽑을 수가 없다. 그 결과 아무리 발버둥 쳐도 그 말뚝을 뽑을 수 없다라는 생각을 갖게 된다. 문제는 그 생각이 어느덧 너무나 자명한 사실이라고 코끼리는 믿게 된다. 급기야는 거대한 몸집의 코끼리가 되어서도 코끼리는 말뚝을 뽑으려고 시도조차 하지 않는다는 것이다. 과거에도 안 되었으니까 지금도 안 되겠지 하는 생각이 코끼리를 사로잡고 있기 때문에, 그러다 보니 정작 불이 나서 위험한 상황을 벗어나야 함에도 말뚝을 뽑지 못하고 불에 타 죽는 경우가 있다는 것이다.

'더 이상 할 수 없어.', '내가 어떻게 저런 것을 할 수 있어.', '벌써 인생의 반이 지났는데, 이미 늦었어.' 라고 생각하며 스스로의 한계선을 그어버리는 것이 바로 우리 40대의 모습이 아닐까?

하지만 우리가 위대한 생각을 하게 된다면, 우리는 그 유리판 높이보다 더 높게 뛰어 오를 수 있다. 그리고 우리가 위대한 생각을 한다면, 우리는 우리에게 묶여져 있는 생각의 말뚝을 뽑아낼 수 있다.

20대 때 못했던 것이라고 40대 때도 여전히 못할 것이라는 생각을 하지 말자. 그러한 생각은 평범한 생각에 불과하기 때문이다. 40대는 인생을 살면서 놀라운 경험과 체험을 하였으며 인생의 내공도 쌓았다. 그렇기 때문에 과거에는 절대로 할 수 없었던 일이라도 충분히 40대 때는 해낼 수 있는 일들이 매우 많아 졌다라는 사실을 믿어야 한다. 그것을 재발견하게 해주는 것이 위대한 공부이다.

우리로 하여금 위대한 인생을 살 수 없게 가로막는 장애물 중 하나는 '이 정도면 됐어.' 라고 만족하는 생각이다. 이렇게 만족하는 생각 또한 평범한 자들이 쉽게 하는 평범한 생각이다. 자신의 작은 성공에 도취되어 만족스러운 현실에 안주하게 하여 나태하게 살도록 유인하는 평범한 생각인 것이다.

　이 정도면 좋은 인생이고, 이 정도면 좋은 환경이고, 이 정도면 성공했다라고 생각하는 그 생각이 바로 우리로 하여금 위대한 인생으로 나아가지 못하게 가로막고 있는 주범이다.

　"좋은 것은 위대한 것의 적이다."라고 말한 짐 콜린스는 자신의 저서인 『좋은 기업을 넘어 위대한 기업으로(Good to Great)』라는 책에서 위대한 인생을 살 수 있는 방법, 위대한 기업으로 발전할 수 있는 방법에 대해 잘 말해주고 있다. 그는 수많은 기업들을 연구하고 분석하여 왜 어떤 기업은 좋은 기업에서 멈추고, 어떤 기업은 위대한 기업으로 발전해 나가는지에 대해 연구한 결과를 자신의 저서를 통해 세상에 내놓았다. 그가 말하는 위대한 인생, 위대한 기업의 비밀은 바로 '위대한 생각을 하느냐, 아니면 평범한 생각을 하느냐'이다.

　적당히 좋은 인생, 적당히 그럭저럭 좋은 직장, 그럭저럭 좋은 학교, 그럭저럭 좋은 환경 속에서, 그것에 만족하여 이 정도면 됐다라고 하는 그 평범한 생각이 위대한 삶을 살 수도 있는 수많은 잠재적 위대한 사람들을 그저 평범한 삶에 머물러 있게 함으로써 평범하게 살도록 한다는 것이다. 그래서 그러한 평범한 생각이 위대한 삶으로 나아가는 것을 가로막는 가장 큰 장애물이라는 것이다. 즉 위대한 기업들은 좋은 기업에서 안주하는 생각을 떨쳐버리고, 위대한 기업으로 나아가기 위하여 위대한 생각을 했고, 위대한 목표를 잡았기 때문에 그것이 가능했다라고 말할 수 있는 것이다.

이 이야기는 올림픽에서 금메달을 따낸 러시아 역도선수의 실화다. 작은 생각의 차이가 얼마나 큰 나비효과와 같은 결과를 우리의 인생에 가져다 주는지를 알게 되면 놀라게 될 것이다.

매년 신기록을 갱신할 정도로 유명한 러시아의 역도선수는, 이상하게도 수많은 학자와 의사들이 주장하는 인간이 들 수 있는 무게의 한계는 250kg이라는 말에 순응이라도 하듯이 아무리 연습을 해도 250kg이상을 들지 못하였다. 249.5kg까지는 힘들지 않고 잘 들어 올렸지만 이상하게도 250kg의 역기는 좀처럼 들지 못하는 것이었다. 이러한 사실을 옆에서 지켜보던 어떤 심리학자가 한 가지 제안을 하게 되었다. 선수에게는 비밀로 하고 251kg의 역기를 249.5kg의 역기라고 하고서 연습 시간에 들게 하자는 제안이었다. 감독은 반신반의하면서도 호기심이 생겼다.

선수가 연습실로 들어와서 평소와 같이 몸을 가볍게 푼 후, 연습을 하기 위해 바로 그 역기(실제는 251kg의 역기이지만, 선수는 249.5 kg으로 알고 있는 역기)를 가지고 연습을 시작했다. 그 결과 놀라운 일이 벌어졌다. 그 역기를 평소 연습할 때와 똑같이 쉽게 들어 올렸던 것이다. 그러한 놀라운 일을 경험한 역도선수와 감독은 생각이 얼마나 큰 힘을 발휘할 수 있으며 동시에 우리의 힘을 제한하는 큰 장애물이 될 수 있는지 잘 알게 되었다. 그 사실을 깨닫게 된 역도선수는 그 후로 여러차례 신기록을 경신하며 올림픽에서 금메달을 목에 걸었다고 한다.

다시 말해, 스스로를 위대하게 만드는 힘의 원천은 자신 안에 존재하는 생각이다. 그리고 또한 자신을 별 볼일 없는 시시한 존재로 만드는 최대의 주범도 바로 생각이다.

우리가 위대한 생각을 하고 탁월함을 상상한다면, 그것이 바로 우리의 인생이 되고 우리의 현실이 된다. 그러나 우리가 시시한 생각을 하고 평범한 인생을 상상한다면, 바로 그것이 또한 우리의 인생이 되고 우리의 현실이 된다. 파블로 피카소의 말처럼.

"우리가 상상할 수 있는 모든 것이 곧 현실이다."

이 세상을 이기는 힘은 바로 '위대한 생각의 힘'이다. 위대한 생각은 긍정적인 생각의 힘을 능가한다. 긍정적인 생각은 잘 될 것이다라는 생각이고, 그러한 생각은 너무 막연하기 때문에 실제적으로 도움이 안 될 수 있다. 하지만 구체적이고 상상이 가능한 위대한 생각은 자신의 한계를 뛰어넘어 차원이 다른 더 높은 세상으로 나갈 수 있게 이끌어준다. 다시 말해 자신을 이기고 자신의 한계를 뛰어넘는 힘은 바로 '위대한 생각'인 것이다.

우리의 인생을 바꾸는 것은 우리의 성격이며, 그 성격을 바꾸는 것은 우리의 습관이며, 그 습관을 바꾸는 것은 우리의 행동이며, 그 행동을 바꾸는 것은 우리의 말이며, 그 말을 바꾸는 것은 바로 우리의 생각이다. 그러므로 위대한 생각을 하는 사람은 반드시 위대한 인생을 맞이하게 된다. 이런 이유로 위대한 생각을 할 수 있는 사람을 만들어주는 바로 그 위대한 공부를 해야 하는 것이다.

우리의 크기를 결정하는 것은 우리가 가진 재능이나 지식이 아니라 우리가 어떤 크기의 생각을 하느냐이다. 그 누구도 자신의 생각보다 더 큰 사람이 될 수는 없다. 그 누구도 자신의 목표보다 더 높이 올라갈 수 있는 사람은 없다. 그러므로 우리에게 가장 먼저 필요한 것은 실력이나 지식이 아니라 위대한 생각인 것이다.

"키 큰 사람이 거인이 아니라 생각이 큰 사람이 거인이다."

우리 안에 잠자고 있는 거인을 깨우기 위해서는 우리는 생각을 키워야 한다. 그러나 그 생각은 매우 견고한 성과 같아서 좀처럼 키우기가 어렵다. 그래서 위대한 40대 공부가 필요한 것이다.

공부는 자신의 아집과 좁은 생각과 편견과 고집을 모두 깨어 부수며 큰 생각을 할 수 있도록 이끌어 줄 것이다. 공부는 생각을 키워주는 연료이기 때문이다.

평범한 생각을 하게 되면 평범함이 우리의 인생 속으로 알게 모르게 흘러 들어오고, 위대한 생각을 하게 되면 위대함이 흘러 들어온다. 우리가 생각하고 믿는 그대로 이루어지는 것이 우리의 인생이다.

『열정능력자』란 책의 저자 진 랜드럼은 위대한 사람들이 가진 것은 과연 무엇인가? 라는 질문에 그것은 바로 그들만의 특별한 신념체계일 뿐 다른 그 무엇도 아니라고 한다. 즉 위대함에는 유전적인 기질이란 있을 수 없을 뿐만 아니라 위대한 존재가 되는데 너무 늦은 때라는 것도 있을 수 없다라고 주장한다.

모든 사람들은 다 잠재력을 가지고 있고 성장 가능성이 있지만, 그것을 온전하게 일깨우는 사람과 그렇지 못한 사람, 즉 두 부류로 나뉜다고 한다. 그리고 그 두 부류의 차이는 위대한 사람만이 가지고 있는 특별한 신념체계를 가지고 있느냐, 아니냐라는 정도뿐이라고 한다.

특별한 신념체계를 가진 사람들의 특성은 자신이 어떻게 그런 생각을 하게 되었는지 왜 그랬는지 또 그게 무슨 말인지도 몰랐지만 자신을 특별하다고 생각한다는 것이다. 그들은 자신이 특별한 사람이기 때문에 스스로 자신의 내면에 있는 거대한 북을 울리고 그 소리에 발 맞춰 행진해야 한다고 느끼고 그러한 삶을 추구하게 된다고 한다. 그 결과 위대한 인생을 살게 된다는 것이다. 즉 특별한 신념체계는 위대한 사람들의 공통점이며 이것은 위대한 생각과 동일한 것이다.

그렇다면 왜 대부분의 사람들은 자기 자신을 위대함으로 이끄는 위대한 생각을 하는 것이 그토록 힘이 드는 것일까? 왜 대부분의 사람들은 평범한 생각밖에 하지 못하는 것일까? 위대한 생각을 하여 위대한 인생을 살아가는 사람과 평범한 생각밖에 하지 못하고 그저 그런 인생을 살아가는 사람들의 차이는 무엇일까?

그것은 그 사람이 지금까지 만났던 사람들과 읽었던 책들, 그리고 공부의 차이라고 말할 수 있다. 실패자들 주위에는 실패자들이 모여들고 서로가 서로에게 영향을 준다. 성공한 사람들 주위에는 성공한 사람들이 모여들고 서로 영향을 준다.

우리가 읽었던 책들 중에 위대한 책들이 많았다면 그 위대한 책들은 우리의 사고체계에 영향을 주기 때문에 우리로 하여금 위대한 생각을 할 수 있는 방향으로 우리를 이끌어가게 한다. 그리고 결국에는 우리를 위대함으로 이끈다. 하지만 우리가 읽은 책들이 별 볼일 없는 책들밖에 없다면 심지어 그 책들마저 읽지 않았다면 우리 인생도 그렇게 된다.

'우리는 모두 처음 이 세상에 나온 이래로 우리가 접한 모든 사람과 사건의 결과물이다.' 라고 짐론(Jimrohn)은 자신의 저서 『내 영혼을 담은 인생의 사계절』이란 책에서 밝힌 바 있다.

미국 역사상 가장 영향력 있는 성공학 강사 중 한명인 그는 우리가 접한 모든 사람들과 읽은 책들과 공부한 것들이 모두 현재의 자신의 모습을 만든 것이라고 주장한다.

그 중에서도 가장 큰 영향을 주는 것은 바로 '공부' 이다. 우리가 만나는 사람이 위대한 사람인지는 만나서 사귀기 전까지는 알 수 없다. 그리고 우리가 읽는 책도 읽어 보기 전까지는 자신에게 큰 영향을 주고 감동을 주는 그러한 책인지 알 수 없다. 베스트셀러라고 무조건 위대한 책은 절대 아니다. 베스트셀러는 단지 많이 팔린 책일 뿐, 그 이상도 그 이하도 아니다. 이런 점에서 가장 중요한 요인은 스스로 자신이 하는 공부인 것이다.

'위대한 인생은 위대한 공부의 결과물에 불과하다.'

나폴레옹으로 하여금 연전연승할 수 있도록 해준 것도 그가 『전쟁사』를 교재로 삼아 철저한 공부를 했기 때문이다.

해군 역사상 가장 위대한 해전을 만들어내고, 위대한 승리를 조선에 가져다 준 이순신 장군 역시 공부를 통해 그것이 가능하게 만들었다.

링컨은 초등학교조차 제대로 다니지 못한 인물이었다. 하지만 그는 평생동안 공부의 끈을 놓지 않았다. 그가 한 공부는 암기를 위주로 하는 시험 공부나 졸업장을 위한 지식을 쌓기만 하는 그러한 공부가 아니었다. 그가 한 공부는 진정 자신을 뛰어넘는 위대한 공부였던 것이다. 그가 수많은 실패 속에서도 평생 동안 포기하지 않았던 것이 독학을 통한 공부였다.

"나는 계속 배우면서 나를 갖춰 간다. 언젠가는 나에게도 기회가 찾아올 것이다."

임진왜란 당시 일본의 대군에 맞서 전승무패의 신화를 만들어낸 이순신 장군이 절대 불리한 전투에서 매번 대승을 거둘 수 있던 것도 역시 '위대한 공부' 때문이었다. 그가 해전에서 사용하여 큰 성공을 거두게 된 거북선을 만들 수 있었던 것도, 그리고 전승무패의 위대한 전략을 구사할 수 있었던 것도, 모두 철저한 공부를 오래 전부터 했기 때문에 가능했던 것이다. 그는 일찍이 손자병법을 정통할 정도로 공부를 한 사람이었을 뿐만 아니라 일본의 해전 병법과 조선의 해전 병법에 대해 철저한 공부를 하여 서로의 장단점에 대하여 철저한 분석을 하였다. 전쟁은 칼로 싸우는 것이 아니라 머리로 싸우는 것임을 잘 알고 있었던 것이다. 그는 일본 수군의 함선인 아다케부네, 세키부네에 대해 철저히 공부를 하면서 더불어 조선수군의 함선인 판옥선에 대해서도 공부하였다. 그리고 일본 수군의 전술과 전투 방법에 대해서도 공부를 하였다. 이러한 공부의 결과, 일본은 칼싸움이 주특기이기 때문에 일본 수군이 가장 즐겨 애용하는 전투 방법은 적선에 뛰어 올라서 상대와 칼싸움을 하는 것임을 알았다. 상대적으로 칼싸움에 약한 조선의 수군에게는 매우 치명적이고 위협적인 전투 방법인 셈이었다. 이러한 사실을 깨닫게 된 그는 함선 위에 덮개를 씌우게 했고, 그 결과 거북선이 탄생하게 되었던 것이다. 그렇게 하여 상대적으로 불리한 왜군과의 칼싸움을 미연에 방지할 수 있었던 것이다. 결국 이 순신 장군으로 하여금 위대한 장군이 될 수 있게 만든 것은 그의 위대한 공부의 결과였던 것이다.

위대한 공부가 위대한 인생을 만든다는 것에 대한 사례로 과거가 아닌 현대를 살펴보아도 많은 사례가 있다. 가장 최근의 사례를 살펴보면, 단연 오프라 윈프리와 버락 오바마를 들 수 있다. 이들은 모두 불행한 청소년 시절을 보냈지만 위대한 공부를 통해 위대한 인물이 된 사람들이다. 술과 마약과 담배에 손을 대고, 다문화 가정에서 극심한 정체성의 혼란을 겪으며 살았던 불우한 청소년기를 보낸 오바마는 공부를 통해 그것을 하나씩 극복해 나갈 수 있었고 급기야는 미국의 최초의 흑인 대통령이 될 수 있었다.

오프라 윈프리는 가난한 흑인 소녀에 불과했다. 더군다나 그녀는 사생아로 태어났으며 아홉 살에 사촌 오빠에게 성폭행을 당했고 옆집 아저씨와 어머니의 남자 친구에게도 수차례 성폭행을 당하고 14세에 미혼모가 되는 아픔과 시련도 겪었다. 심지어 가족들은 그러한 불행한 일들의 원인을 모두 그녀의 탓으로 돌렸다. 주위에 누구 하나 심지어 가족들마저 따뜻하게 위로해주지 않았다. 20대가 되어서도 남자 친구 때문에 마약을 복용하는 등 그녀의 불운은 계속되었다. 그녀의 10대 와 20대는 철저하게 패배자의 모습이었고 낙오자의 인생이었다.

하지만 그녀는 모든 악조건을 극복하고 미국에서 가장 존경받는 여성이 되었다. 동시에 개런티가 가장 비싼 방송인도 되었다. 과연 무엇이 그녀로 하여금 세계에서 가장 영향력 있는 여성 중 한 명이 될 수 있게 만든 것일까?

그것은 바로 위대한 공부였던 것이다. 오프라 윈프리는 자신의 입으로 말한다. 자신을 만든 것은 위대한 독서라고. 완전한 인생의 낙오자의 모습으로 10대와 20대를 살았지만, 그녀는 엄청난 독서를 바탕으로 한 위대한 공부를 통해 지금 세계에서 가장 영향력 있는 여성 중한 명이 되었다.

세종대왕을 위대한 왕으로 만든 것도 위대한 공부를 했기에 가능했다. 그는 누구보다 열심히 공부한 왕이었다. 평범한 사람은 어느 정도 성공을 하게 되면 그때부터 공부와 담을 쌓는다. 하지만 세종 대왕은 왕이 되었음에도 불구하고 그 누구보다 더 열심히 공부를 하였다. 평범한 사람과 세종 대왕의 차이점이 바로 이것이다. 세종대왕이 얼마나 열심히 공부한 사람이었는지 알 수 있는 그의 어록들을 살펴보면 알 수 있다.

"임금이라도 공부하지 않으면 쓸모 없는 인간이 될 수밖에 없다."

『세종실록』에 보면, 그가 얼마나 열심히 공부했던 임금인지 알 수 있는 대목이 여러 곳에서 발견된다. 세종실록 곳곳을 살펴보면, 그는 몸을 축내면서까지 밤새 공부에 몰입한 적이 많았다는 기록이 여러곳에 수록되어 있다. 세종대왕은 교양이나 쌓고 남에게 뒤떨어지지 않기 위한 적당한 공부를 한 것이 아니라, 자신을 넘어설 수 있는 위대한 공부를 했던 것이다. 세종대왕은 집현전 학사들에게 다음과 같은 당부의 말을 하기도 했다.

"우리 모두 목숨을 버릴 각오로 독서하고 공부하자. 조상을 위해, 부모를 위해, 후손을 위해, 여기서 일하다가 같이 죽자."

세종 대왕으로 하여금, 위대한 대왕으로 역사에 길이 빛나는 위인으로 만들어준 것은 바로 '위대한 공부'였던 것이다.

과거에는 현대보다 덜 복잡하고, 덜 바쁘기 때문에 그리고 변화의 속도도 느리기 때문에 공부를 통해 큰 업적을 달성할 수 있었던 것이라고 생각할 수 있다. 하지만 지금처럼 바쁜 현대 사회에서도 성공하는 사람들은 공부를 통해 통찰력과 혜안을 얻고 있는 사람들이라는 사실을 우리는 알아야 한다.

>> 인내(忍耐)

인내만큼 인간에게 필요한 능력이 있을까요? 신이 인간에게 주는 고난의 대부분이 인내를 기르게 하기 위함입니다. 큰 꿈을 가진 사람에게 견디기 힘든 역경과 시련을 주시는 것 또한 꿈을 이루기 위해서 반드시 필요한 것이 인내이기 때문입니다. 인내야 말로 가장 큰 재능입니다. 재능과 좋은 환경이 뒷받침 해준다 하여도 인내가 없다면 아무것도 이룰 수 없습니다. 어떤 장애물도 포기하지 않는 인내 앞에서는 결국 무너지기 마련입니다. 좌절과 포기의 순간, 다시 한 번 더 인내하고 인내하세요.

– 「나를 위한 하루 선물」 중에서

40대 공부로
인생의 참된 주인으로 거듭 날 수 있게 된다

"I knew if I stayed around long enough, something like this would happen!"

"우물쭈물하다가 내 이럴 줄 알았지!"

이 묘비의 주인공은 바로 노벨 문학상을 수상한 바 있으며, 94세까지 열정적으로 인생을 산 조지 버나드 쇼(George Bernard Shaw)이다.

그는 정말 우물쭈물하며 자신의 인생을 허비하는 것이 얼마나 큰 손해이며 낭비인가를 잘 알고 있었다. 94세까지 장수를 누렸고 그리고 그 나이까지 아주 왕성한 활동을 하며 청년처럼 살았음에도 불구하고 정작 그는 자신의 묘비에 '우물쭈물하다가 내 이럴 줄 알았지.'라는 해학이 넘치는 묘비글을 남긴 것이다.

그의 인생 초반기는 남들과의 경쟁에서 언제나 뒤로 밀리는 사람이었다. 1856년 아일랜드 더블린에서 태어난 그는, 어린 시절을 정말 용기 없고 내성적이며 우물쭈물하는 그런 아이였다. 심지어 사람들 앞에서 자신의 생각을 제대로 표현하지 못하는 내성적인 아이였다. 특히 그는 타인을 이겨야 하는 경쟁에 대해 심한 혐오감을 가지고 있었다.

"나는 선천적으로 경쟁에 약하다. 칭찬이나 표창을 받고 싶지 않다. 따라서 경쟁을 전제로 하는 시험 따위에는 아무 관심이 없다."

그의 말처럼, 그는 정말 타인을 이겨야 하는 그러한 경쟁을 전제로 하는 시험 따위에는 관심이 없었다. 그래서 그는 정규 교육을 받은 기간이 고작 4년밖에 되지 않는다. 그 4년 동안도 그의 학교 성적은 최하위였다.

최하위 성적으로 초등학교만 겨우 다닌 그가 노벨 문학상과 오스카 상을 모두 수상한 유일한 작가가 되고 20세기 최고의 극작가로 평가 받으면서 박학다식하고 위트와 재치가 넘치는 사람이 될 수 있었던 것은 과연 무엇 때문일까?

그것은 바로 독학, 즉 공부의 위력 때문이라고 할 수 있다. 그는 절대 공부를 포기하지 않았다. 그는 자신의 인생의 주인으로 살고자 노력했다. 20대에 그는 좌절과 빈곤을 겪으면서 먹고 살기 위하여 고된 일을 하면서도 분야를 제한하지 않고 폭 넓게 책을 읽고 소설을 썼다. 저녁에는 런던의 지식인들 사이에서 성행한 강의와 논쟁의 장소에 찾아가 자신의 부족한 지식을 배우는 등 공부를 계속했다. 30대까지 그는 실패를 거듭했다. 하지만 그러한 2, 30대의 실패와 시련과 좌절과 빈곤을 통해 그는 점점 더 내공이 쌓이게 되었다. 뿐만 아니라 그는 1, 2차 세계대전을 몸소 겪으면서 보다 더 큰 세상을 경험하게 되었다. 이러한 다양한 인생 경험이 어우러졌기 때문에, 40대에 그는 비로소 자신이 언변과 재치와 평론과 극작가로서의 재질이 있음을 발견하게 되었던 것이다. 그 결과 인간과 사회의 본질을 꿰뚫는 통찰력으로 내면에 존재하는 숨어 있는 진실을 파헤쳐서 그것을 토대로 하여 희곡으로 만들어내는 데 남다른 재능이 발휘할 수 있었던 것이다. 비로소 자신의 인생의 참된 주인으로 살아가기 시작했던 것이다. 말하자면 그는 2, 30대 때는 수많은 시행착오를 거치고 다양한 경험을 하면서 자신만의 길을 개척하고자 했던 것이다.

"나는 상황이나 환경을 믿지 않는다. 이 세상에서 성공한 사람들은 자리에서 일어나 그들이 원하는 상황이나 환경을 찾는 사람이다. 그리고 그들이 원하는 상황이나 환경을 찾지 못할 경우에는 그들이 원하는 상황이나 환경을 만든다."

바로 이러한 자세가 인생을 주인으로 살아가는 사람들이 갖추고 있는 자세이다. 그의 말처럼 우리가 원하는 환경이나 상황이 우리에게 저절로 주어지는 경우는 거의 없다. 그래서 우리는 직접 찾아나서야 한다. 나아가 찾지 못할 경우에는 직접 만들어야 한다.

40대는 이제 인생의 반을 살았다. 지금까지는 우물쭈물하며 우왕좌왕 살았더라도 전혀 문제가 없다. 왜냐하면 철없던 시절의 실패와 시련과 실수는 오롯이 보다 나은 삶을 살기 위한 좋은 재료가 되기 때문이다.

2, 30대는 내가 인생의 주인이라기보다는, 부모님 · 성공과 출세 · 좋은 대학 · 좋은 직장 · 좋은 직업이 내 인생의 주인이라고 할 수 있을 것이다. 좋은 대학에 들어가기 위해서 좋은 직장에 들어가기 위해서 돈을 많이 벌기 위해서 성공하기 위해서, 무작정 열심히 일하고 열심히 공부해야 하던 시기이기 때문이다.

하지만 이제 40대 이후의 삶은 누가 뭐래도 우리 자신의 인생을 위해 살아야 한다. 그렇게 하기 위해 내 인생의 주인이 다른 것들이 되어서는 안 된다.

세상의 부와 명예, 높은 직위, 많은 인기, 큰 권력 같은 것들이 우리 인생을 좌지우지하는 주인이 되어서는 안 된다. 자기 자신이 주인이 되어야 한다.

40대는 불혹의 나이에 접어든 시기이다. 세상의 어떠한 유혹에도 흔들리지 않는 것이 주인으로 사는 삶이다. 그렇게 살기 위해서는 무엇보다 참다운 공부가 필요하다. 왜냐하면 그것을 통해 유혹에 약한 자신을 뛰어넘을 수 있기 때문이다.

공부가 흔들리는 마음을 바로 잡아 균형 잡힌 삶을 살아갈 수 있도록 하는 큰 힘의 원천이 된다는 것을 명심하라.

"멀리 내다보고, 느긋해져야 인생의 주인이 될 수 있다."

인생을 살면서 멀리 내다보고 느긋해져야 하는 이유는, 인생의 큰 성공은 항상 제일 마지막에 오기 때문이다. 멀리 내다보고 느긋해지기 위해서는 공부로 인한 사고의 확장과 유연한 사고의 형성이 필요하다.

공부의 매력은 하면 할수록 사고가 확장되고 유연해진다는 것이다. 공부한 만큼 이 세상이 넓게 보이고 멀리까지 보이는 것이다. 그래서 공부를 하면 할수록 그 사람의 내면에는 뒷동산과 같은 세계에서 나아가 태산과 같은 세계가 형성되는 것이다. 나아가 바다와 같은 세계가 품어지고 좀 더 나아가 우주와 같은 세계도 품어지게 되는 것이다.

여기서 우리가 명심해야 하는 사실은, 40대 공부가 이러한 효과를 배가시킨다는 것이다. 인생의 경험이 녹아들어 지식과 통합될 때 시너지 효과가 발생하여 더 큰 세계를 내다볼 수 있는 시야와 안목이 길러지고 여유가 생기게 되는 까닭이다.

서서히 온도가 높아져서 100도가 되어야만 물이 끓는 것처럼, 수많은 도전과 실패를 통해 서서히 온도가 높아져서 가장 마지막 성공온도에 이르렀을 때 인생이라는 물도 끓게 되는 법이다. 인생을 멀리 내다보고 느긋해 지지 않으면 안 되는 이유가 바로 이것이다.

물이 끓기 위해서는 온도가 서서히 높아져서, 100도보다 1도가 낮은 99도까지 높아져도 끓지 않다가 마지막 1도가 더해져야 끓게 되는 것처럼, 우리의 인생도 마지막 한 번의 도전과 마지막 한 번의 노력이 더 더해져야 비로소 성공이라는 물이 끓는 것이다. 그러므로 우리는 멀리 내다보고 느긋해져야 하는 것이다.

우리가 인생을 살면서 멀리 내다보며 느긋해져야 하는 또 다른 이유는, 눈앞에서는 손해인 것 같지만 보다 더 멀리 내다보면 그것이 손해가 아니라 훨씬 더 큰 이익이 되는 경우가 많다.

많은 사람들이 인생을 멀리 내다보지 않고 눈앞의 이익만 챙기다가 결국에는 신의를 잃고 인생을 성공적으로 살지 못하게 되는 경우가 허다하다. 아등바등하며 목숨을 걸고 붙잡으려고 했던 모든 것들이 지나고 보면 아무것도 아닌 사소한 것들이라는 사실을 뒤늦게 깨닫게 되기도 한다. 그러한 실수와 후회를 하지 않기 위해서라도 인생을 멀리 내다보고 느긋해져야 할 필요가 있다.

>> 자신에게 질문하라

질문의 수준이 생각의 수준을 좌우하게 됩니다. 질문은 정말 강력한 영향력을 가지고 있습니다. 우리가 어떤 답을 찾느냐는 어떤 질문을 하느냐에 달려있다고 해도 과언이 아닙니다. 올바른 질문은 올바른 답을 이끌어옵니다. 하지만 올바른 질문을 하기 위해서는 끊임없이 자신에게 수많은 질문을 던져보아야 합니다. 스스로에게 질문하는 습관을 가져보세요. 올바른 질문이 생각의 수준을 높여줄 것입니다.

- 「나를 위한 하루 선물」 중에서

40대 공부로
대기만성의 토대를 닦을 수 있게 된다

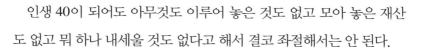

인생 40이 되어도 아무것도 이루어 놓은 것도 없고 모아 놓은 재산도 없고 뭐 하나 내세울 것도 없다고 해서 결코 좌절해서는 안 된다.

앞에서도 말했듯이 진짜 인생은 40부터이다. 아름다운 꽃은 가장 늦게 피는 꽃이며, 아름다운 태양은 서쪽 하늘을 붉게 물들인 석양이 아니던가.

대기만성.

가장 큰 물은 가장 마지막인 바다에서 이루어지듯이 큰 그릇을 만들기 위해서는 많은 시간이 필요한 법이다.

그릇이 작은 사람들은 언제나 성급하고 경솔하고 조급하여서 큰 일을 이룰 수 있는 기회가 와도 자신의 그릇이 작음으로 인해 그 큰 일을 이룰 수 있는 기회를 놓쳐버리고 만다.

하지만 그릇이 큰 사람들은 자신을 타인과 비교하지 않고 자신만의 길을 묵묵히 갈 수 있는 도량이 있고, 자신을 낮출 줄 아는 겸손이 있다. 그래서 절대로 타인이 성공하고 잘 된다고 해서 조급해 하지 않고 시기하거나 질투하지 않는다. 왜냐하면 자신의 길은 저 사람의 인생과 다르다는 사실을 확실히 알기 때문이다.

그릇이 클수록 알량한 자존심에 매달리지 않는다. 사소한 것들에 연연하지 않는다. 그래서 결과적으로 큰 자유를 누리며 산다. 하지만 그릇이 작을수록 자신의 자존심에 얽매여서, 사소한 것들에 연연하게 되어 살아가게 된다. 그래서 양보하는 것이 힘들고 타인을 용서하는 것이 힘들 수밖에 없는 것이다.

그릇이 클수록 타인의 실수에 대해 관용과 관대함을 베풀 수 있다. 어떠한 사람과도 잘 융화되어 잘 지낼 수 있다. 하지만 타인의 단점에 쉽게 물들지 않는다. 물들기에는 그릇이 너무 크기 때문이다. 하지만 그릇이 작은 사람일수록, 타인의 실수에 대해 용서와 관대함을 베풀지 않는다. 주위 사람들과 잦은 마찰이 생기며 잘 융화되지 못한다. 그럼에도 불구하고 그릇이 작은 사람들은 쉽게 타인의 단점에 물들기 쉽다. 그릇이 작아서 쉽게 물들기 때문이다.

그릇이 클수록 출세나 성공, 부나 명성, 권력과 인기에 연연하지 않는다. 쉽게 흔들리지 않고 요동치지 않는다. 한 마디로 태산처럼 굳건한 인생을 산다. 하지만 그릇이 작을수록 쉽게 흔들리고 요동치는 인생을 산다. 왜냐하면 세상의 출세와 성공, 부와 명성, 권력과 인기에 쉽게 좌지우지되기 때문이다. 한 마디로 부침이 심한 인생을 산다.

그릇이 클수록 나서지 않으며 잘난 척하지 않는다. 왜냐하면 자신의 부족함과 무지를 너무나 잘 알고 있기 때문이다. 그래서 언제나 타인의 말에 경청하며 자신을 낮추고 또 낮춘다. 땅이 낮아야 바다를 이룰 수 있듯이, 잘난 척하지 않고 낮음에 순응할 수 있는 도량이 넓은 사람만이 바다와 같은 큰 그릇을 이룰 수 있다.

》 당신은 성공할 운명을 타고 났다

당신은 성공할 운명을 타고 났습니다. 당신은 원하든 원하지 않든 운명의 힘에 이끌리어 성공할 수 밖에 없습니다. 당신은 실패하고 싶어도 실패할 수 없습니다. 당신의 운명은 성공하는 것이기 때문입니다. 당신은 결코 실패할 수 없습니다. 당신은 오로지 성공만을 할 수 있습니다. 지금 소리 내어 말해 보십시오.

"나는 성공할 운명을 타고 났다. 나는 성공할 운명을 타고났기에 오직 성공할 수 밖에 없다."

– 「나를 위한 하루 선물」 중에서

40대 공부로
인생 후반기를 당당하게 살아갈 수 있다

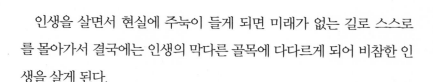

인생을 살면서 현실에 주눅이 들게 되면 미래가 없는 길로 스스로를 몰아가서 결국에는 인생의 막다른 골목에 다다르게 되어 비참한 인생을 살게 된다.

동서고금을 통해 위대한 인생을 살았던 위인들은 모두 하나같이 현실에 주눅들지 않았던 사람들이다. 현실이 아무리 암울하고 비참하더라도 그들은 모두 내일의 희망을 보고 앞을 향해 전진했던 사람들이다. 이러한 모습은 주위 사람들에게 당연히 비범하게 보이고 담대하게 보인다. 이러한 담대함과 비범함이 바로 그들을 위대한 길로 이끌었던 것이다.

중국의 역사서 『사기(史記)』는 냉엄하게 통찰한 최고의 역사서로 평가받고 있다. 하지만 이러한 최고의 역사서가 하마터면 이 세상에 탄생하지 못했을 수도 있었다.

『사기』의 저자 사마천(司馬遷)은 주나라의 역사가(歷史家) 집안 출신
으로 그의 아버지는 태사령(太史令) 사마담(司馬談)이다. 아버지의 영향
을 받아 사마천은 역사를 서술하고 기록하는 데 매우 큰 관심을 보였
으며 급기야는 아버지의 유지를 받들어 역사서 편찬을 위한 자료 수집
에 몰두하게 된다.

BC 104년, 즉 그의 나이 43세부터 그는 본격적으로 『사기』 저술에
착수하였다. 하지만 그에게 불행한 일이 발생했다. BC 99년 그의 나
이 48세 때 흉노 정벌에 나섰던 이릉(李陵) 장군이 적의 기마 부대에 포
위를 당하게 되었고, 수적으로 도저히 상대를 할 수 없는 상황이라 흉
노에 투항을 하게 되었다. 이때 이릉 장군은 겨우 5천 명의 보병부대
를 이끌고 있었고, 흉노의 기마부대는 8만 명이나 되었다.

사마천은 이릉 장군을 변호하다가 조정대신들과 무제의 노여움을
받게 되었다. 결국 황제를 무고했다는 억울한 죄명으로 사형을 선고받
게 되었다. 당시에 사형을 선고 받을 경우, 사형을 벗어나는 방법이 두
가지 있었다. 하나는 오십만 냥으로 감형을 받는 방법이고, 또 하나는
생식기를 제거하는 형벌인 궁형을 받아 환관이 되는 방법이다.

돈이 없어서 생식기를 제거해야 하는 궁형을 선택한 사마천은 그러
한 현실에 주눅들지 않고 자신이 해야 할 일, 즉 아버지의 유언을 따라
역사서의 집필에 더욱 더 몰두하였다. 그 결과 그는 모두 130권에 이
르는 대작 『사기』를 완성하게 되었다.

자신이 힘들게 창립한 회사에서 쫓겨난다면 어떨까? 아마도 대부분의 사람들이 절망과 배신감에 치를 떨며 원망과 분노에 사로 잡혀 패배자의 삶을 살아가지 않을까?

하지만 이러한 힘든 현실에서도 주눅들지 않고 당당히 자신의 길을 개척한 인물이 있다. 그리고 그는 사망률이 가장 높은 췌장암으로 시한부 인생을 선고 받았을 때도 자신의 암울한 상황에 주눅들지 않고 자신의 길을 헤쳐 나갔다. 그뿐만 아니라 그는 입양아라는 현실과 대학 중퇴자라는 현실, 그리고 가난이라는 현실 앞에서도 절대 주눅들지 않고 세계에서 가장 창조적인 CEO로 여러 번 선정되는 그러한 위대한 사람이 되었던 것이다. 그가 바로 얼마 전 우리에게 꿈을 심어주고 떠난 애플의 스티브 잡스이다.

그로 하여금 암울한 현실에 주눅들지 않고 앞을 향해 나아갈 수 있게 만들어준 것은 다름 아닌 공부였다는 사실이다.

>> 나 자신과의 싸움에서 이기자

언제나 우리가 추구하는 변화의 대상은 우리 자신이 되어야 합니다. 다른 어떤 경쟁자나 상황이 아닌, 자신과 싸워 이기는 것이 가장 큰 승리이자 궁극적인 목표를 성취하는 유일한 길이라는 것을 명심하세요. 자신에게 지지 마세요. 자신과의 치열한 투쟁에서 반드시 승리하길 바랍니다.

- 「나를 위한 하루 선물」 중에서

기억을 불러오는 기술

1. 취침 전 20분을 최대한 활용하라.

자기 전 20~30분은 평소 기억력 몇 배의 효과를 얻게 된다.

2. 즐거웠던 일과 연관 지어 기억한다.

즐겁고 유쾌한 일은 자주 회상된다. 따라서 외워야 하는 내용을 즐거운 경험과 연관시켜 암기하면 그 경험을 회상하는 것만으로도 저절로 암기 내용이 따라 나오게 될 것이다.

3. 어려운 것은 쉬운 말로 바꾸어 기억하라.

추상적인 내용이나 표현은 머릿속에 오래 머물러 있지 않는다. 따라서 쉬운 말로 바꾸어 기억하는 것이 좋다. 특히 이런 방법은 어려운 법칙이나 정리, 원리에 응용해 보면 대단한 효과가 있다.

4. 단어는 문장과 함께 외운다.

특히 영어는 문장과 함께 외우는 것이 훨씬 효과적이다. 숙어는 문장을 해석하면서 메모하는 경향이 있으므로 숙어집을 만들 때 해당 문장을 함께 적어놓으면 암기에 큰 도움이 된다.

5. 손과 입을 사용해 외워라

소리를 내는 동시에 쓰면서 외우면 시각, 청각, 촉각이 모두 동원되어 3배의 효과를 얻을 수 있다.

6. 암기한 것은 9시간 이내에 복습한다.

기억의 유지와 망각에 대해 연구한 학자 에빙하우스에 의하면 암기 후 잊어버리는 양이 급격해지는 때는 9시간 전후라고 한다. 따라서 9시간 이내에 다시 복습을 해두면 큰 효과를 올릴 수 있다

7. 중요한 것은 처음과 마지막에 외워라

우리의 기억은 앞에 암기한 것의 억제를 받아 다음에 암기하는 것은 좀처럼 기억하기가 어렵다고 한다. 따라서 중요한 것을 처음이나 끝에 두고 암기해야 유리하다고 한다.

8. 외울 내용을 시각화하라

문장보다는 도표나 그림(사진, 삽화)을 이용하면 2배의 효과를 얻을 수 있다. 또한 표를 만들기 위해서는 내용을 압축, 재조직해야 하므로 상당히 많은 집중을 필요로 하게 되고, 이런 과정에서 표를 만드는 동안에 그대로 암기가 되는 경우가 많다.

9. 첫 글자를 따서 외워라

순서가 중요할 때는 그대로 사용하고, 그렇지 않은 경우에는 첫 글자들을 이용하여 의미 있는 약자로 만든다. 글자들의 수가 많다면 4/3조의 가락이나 리듬을 붙여 기억한다.

10. 눈을 감고 암기하면 기억이 쉬워진다

직관력이나 기지와 관계가 깊은 알파 파는 눈을 감으면 활동이 강해진다고 한다. 그러므로 눈을 감은 상태에서는 기억력이 강화된다.

11. 리듬이나 곡을 붙여서 노래하듯 외워라

외울 내용의 개수가 10개가 넘거나 매끄럽게 이야기로 잘 안 만들어지는 경우에, 그것을 노랫가사로 만들어서 부르면서 외우면 금방 외울 수 있다. 물론 잘 알고 있고 친숙한 노래라야 효과가 있다.

12. 유사점과 차이점을 발견하여 서로 대조시키면서 외워라

두 가지 종류의 외울 내용들을 놓고, 그 두 가지 사이의 유사점과 차이점을 발견하여 서로 대조시키면서 외우면 쉽게 외워진다.

3장
40대, 이제부터 진짜 인생이다

인생은 대담무쌍한 모험이 아니면 아무것도 아니다.
– 헬렌 켈러

이 세상은 쾌활한 모습으로 원대한 목표를 향해 변화해 가는
사람의 것이다.
– 랄프 왈도 에메슨

40대 공부로
끊임없이 자신을 발전시킬 수 있다

제대로 된 인생을 살기 위해 40대가 가장 먼저 해야 하는 일은 바로 자기 자신을 발견하는 것이다. 자신이 무엇을 좋아하고 무엇을 남들보다 잘할 수 있고 자신이 꿈꾸고 있는 삶의 모습은 무엇인지 확실하게 발견하는 것이다. 그러고 나서 해야 할 일은, 그러한 자신을 끊임없이 발전시키는 일이다. 그렇게 하기 위해 반드시 필요한 것은 자신을 뛰어넘을 수 있는 제대로 된 공부, 즉 40대 공부이다.

"풍부하고 다양한 호기심은 타고나는 것이지만, 그 이후에는 끊임없이 정보와 지식을 습득하는 노력이 필요하다. 나는 날마다 배운다. 뭔가 새로운 것을 얻지 못한 날에는 '시간을 잃어버렸다.'고 생각한다."

프랑스의 소설가 베르나르 베르베르의 말이다. 그의 말처럼 우리가 끊임없이 자신을 발전시키지 않는 시간은 바로 잃어버린 시간이요, 무의미하게 허비한 인생인 것이다.

큰 성공을 이룩한 사람들을 살펴보면 하나같이 겸허하고 인격적으로 높은 수준에 올라가 있으며 눈빛이 반짝반짝 빛나고 자신감이 넘치고 얼굴에는 윤기가 흐르며 말이 유창하고 유머스럽고 행동도 민첩하다는 사실을 알게 된다. 왜 성공한 사람들은 한결같이 이러한 모습일까? 그것은 끊임없는 공부로 자신을 성장시키고 발전시켰기 때문이다.

세상의 빠른 변화와 흐름을 공부가 아니고서 무슨 방법으로, 무슨 전략으로 따라갈 수 있을 것인가? 오로지 공부 외에는 방법이 없다. 40대 공부를 통해 자신을 부단히 성장시키고 발전시키는 것은 이제 선택이 아니라 생존의 필수 전략이다. 우리가 공부를 통해 자신을 끊임없이 성장시키고 발전시켜야 하는 또 다른 이유는 너무나 빠른 시대의 변화 속에서 정신적으로 조난당하지 않기 위해서이다.

2차 세계대전에서 패한 일본 국민들에게 큰 용기와 희망을 주며, 다시 일하고 공부할 수 있게 만든 새뮤얼 스마일스의 『자조론』과 『인격론』이란 책에 보면 다음과 같은 말이 나온다.

"독서를 하고 지식을 추구함으로써, 정신적으로 '조난' 당하는 일이 없도록 나를 보호할 수 있다."

끊임없이 공부를 하지 않으면 우리들은 우리 자신도 모르게 정신적으로 '조난'을 당하게 된다. 그리하여 왜 사는지? 무엇을 위해 사는지? 삶의 참된 의미가 무엇인지? 무슨 가치를 추구하며 살아야 하는지? 인생의 숭고한 목적과 목표는 무엇인지? 등등의 근본적인 삶의 질문에 대해 깨닫지 못한 채 하루하루 하루살이처럼 살아가게 될 수밖에 없다.

반면에 꾸준히 공부를 하는 사람은 어제보다 더 나은 오늘을 살 수 있고 오늘보다 더 나은 내일을 살 수 있기 때문에 날마다 늙어가는 것이 아니라 성장해 갈 수 있고 무엇보다 삶의 근본적인 질문에 대해 좀 더 올바른 답을 만들며 나갈 수 있다.

위대한 사람들의 80퍼센트가 독학인 이유에 대해서 새뮤얼 스마일스는 '최고의 인간 교육은 학교 교육이 아니라, 스스로 자신을 가르치는 교육'이기 때문이라고 말한다. 그래서 최고의 공부는 누가 떠먹여 주는 것이 아니라, 스스로 공부의 중요성을 깨닫고 스스로 공부를 중단하지 않고 해 나가는 것이다.

위에 소개된 두 책 가운데 특히 『자조론』은 일본에서 후쿠자와 유키치의 『학문의 권유』와 함께 메이지유신의 정신적 교과서이다. 그렇다면 새뮤얼 스마일스의 책은 그렇다 치더라도 후쿠자와 유키치의 『학문의 권유』는 과연 어떤 책이기에 일본에서 정신적 교과서로 손꼽히게 된 것일까? 그것은 이 책 서두에 나오는 말을 살펴 보면 충분히 알 수 있다.

"하늘은 사람 위에 사람을 만들지도, 사람 밑에 사람을 만들지도 않았다. 그럼에도 오늘날의 넓은 인간세계를 보면 현명한 인간과 어리석은 인간, 가난한 인간과 부자인 인간, 신분이 높은 인간과 낮은 인간이 있다. 그 차이는 어디에서 오는 것일까?

그것은 명백하게 말할 수 있다. 현명한 사람과 어리석은 사람의 차이는 배우면서 깨달은 것에 의해 극명한 차이가 생기는 것이다. 인간은 태어날 때부터 귀천상하(貴賤上下)로 나뉘어진 것이 아니지만 학문에 의해 많은 것을 알게 되는 것으로 귀인이 되고 부자가 되며, 배움이 없는 자는 가난해지며 하인이 되는 것이다. 인간을 나뉘고, 성공과 실패를 가르는 것은 공부다."

공부를 통해 끊임없이 자신을 발전시키고 성장시켜야 하는 이유가 분명해졌다. 공부를 하지 않는 자는 가난해지고 신분이 낮은 자가 되고 쓸모가 없는 사람이 되지만, 공부를 통해 자신을 성장시킨 사람은 부자가 되고 귀하게 쓰임을 받는 사람이 되고 가치 있는 일을 하는 사람이 된다.

> **» 어느 곳에 있든 당당함을 잃지 말라**
>
> 고개를 숙이고 풀이 죽은 모습을 보이지 마세요. 소심하고 두려움이 가득한 얼굴은 어느 누구도 신뢰하지 않습니다. 어느 곳에 있든 누구를 만나든 당당함을 잃지 마세요. 고개를 들고 가슴과 허리를 펴고 여유 있는 미소와 분위기를 보이세요. 항상 자신감 있는 표정을 유지하도록 노력하세요. 누가 보아도 신뢰할 만큼 자신에 대한 자부심과 당당함을 가지세요.
>
> – 「나를 위한 하루 선물」 중에서

40대 공부로
내 안의 거인을 깨울 수 있다

인생의 목적은 성공이 아니며 타인을 이기는 것도 아니다. 인생의 불변의 목적은 자신을 성장시키고 발전시켜 이 사회에 공헌하는 것이라고 할 수 있다. 하지만 그런 선한 의도를 가지고 있다고 해서 저절로 그렇게 되는 것은 절대 아니다. 우리가 제대로 된 인생을 살기 위해서는 우리 안에서 잠자고 있는 거인을 깨워야 한다. 그래야 이전과 다른 삶을 살 수 있다. 이전과 다른 삶을 살기 위해서 가장 먼저 필요한 것은, 자신을 성장시키고 발전시키기 위해 자신의 내면에서 잠자고 있는 무한 잠재력인 거인을 깨우고자 결단하는 것이다.

"시작과 창조의 모든 행동에는 한 가지 기본적인 진리가 있다. 그것은 진정으로 결단을 내리는 순간, 하늘도 움직이기 시작한다는 것이다."

우리가 무엇을 하든 그것의 시작은 우리의 내면에서부터 시작되어야 하고 그 핵심은 바로 결단하는 것이다. 이전과는 다른 새로운 삶을 살겠다고 결단하라. 그것이 시작이다.

하지만 이러한 결단은 저절로 되는 것은 아니다. 어떠한 계기가 있어야 한다. 그렇다면 인생을 변화시킬 만큼 강력한 결단은 어떻게 해야 만들어 지는 것일까?

그것은 바로 공부를 통해 가능할 수 있다. 공부는 우리의 정신과 사고방식을 바꾸어놓는 힘이 있다. 참된 공부를 하게 되면 자신의 생각이 바뀌고 삶이 바뀌게 된다. 그러한 변화 중에 하나가 '보다 나은 삶을 향한 결단'이다. 어느 정도 공부가 되면 자연스럽게 흘러 나오는 부산물, 즉 결과물이 바로 결단이라고 할 수 있다.

『네 안에 잠든 거인을 깨워라』의 저자 앤서니 라빈스는 모든 변화에 있어서 가장 중요한 요소는 바로 결단의 힘이라고 저서를 통해 말하고 있다.

"결단에 의해 운명이 결정된다."

거대한 운명이 결정되는 것은 우리 마음속의 결단에서부터 시작된다. 그 결단은 공부를 통해 자연스럽게 맺히게 되는 열매이다.

물이 한 방울씩 깡통에 떨어지다 보면, 어느 순간에 그 깡통은 물로 가득 채워져서 흘러 넘치게 된다. 그때 흘러 넘치는 것이 바로 결단의 순간인 것이다.

공부를 통해, 자신의 내면에 올바른 사고방식과 사유의 확장과 상상력과 창의성이 개선되고 증가하게 되면 그것이 밖으로 튀어 나올 수밖에 없다. 그때, 결단이라는 형식의 옷을 입고 밖으로 표출하게 되는 것이다.

공부를 통해 세상과 자신에 대해 올바른 시각과 통찰력을 가지게 되고, 그로 인해 세상에 대하여 보다 가치 있는 일을 하는 자신을 만들고자 하는 생각을 하게 되고, 그러한 생각들이 모여 결단이라는 부산물로 세상 밖으로 튀어 나오게 되어 있는 것이다.

공부를 통해 그 결과물로 나오는 결단은 인위적으로 만들어서 하는 결단과 큰 차이가 있다. 공부를 통해 자연스럽게 흘러나오는 결과물인 결단은 무엇보다도 자신의 내면에서 잠자고 있는 거인을 깨우는 결단이며 자신의 성장과 발전을 추구하는 결단인 동시에 세상에 공헌하기 위한 결단이다.

하지만 공부를 하지 않고 인위적으로 하는 결단은 대부분 자신의 성장보다는 외형적인 성공이라는 결과에 치중된 결단이다.

가령 '나는 꼭 성공하고야 말겠다.' 라든가 '나는 반드시 부자가 되고 말겠다.' 라든가 '나는 꼭 변호사가 되겠다.' '나는 꼭 가수가 되겠다.' 라는 식의 결단은 공부를 통해 자연스럽게 흘러나오는 결단이 아니라 인위적으로 만든 결과 위주의 결단이다. 이러한 결단은 집착하는 인생을 살게 만들고 그 결단에 매인 삶을 살게 한다. 그 결단으로 인해 삶은 더욱 더 각박해진다. 삶에서 중요한 것들을 희생시키면서까지 그러한 결과에 집착하게 되는 부작용도 낳는다. 이것이 공부를 하지 않고 만드는 인위적인 결단의 병폐라고 할 수 있다.

반면에 참된 공부를 통해 그 공부의 결과로 자연스럽게 흘러 나오는 결단은 차원이 다르다.

공부의 결과로 나오는 결단은 삶을 더 풍요롭게 만들고 더 행복하게 만든다. 가령 '나는 이 세상에 가치 있는 사람이 되겠다. 그래서 더욱 더 자신을 쓸모 있는 사람으로 발전시켜 나가겠다.' 라든가 '나는 부귀영화보다 이 세상에서 누구에게나 존경받는 그러한 삶을 살겠다.' 와 같은 결단들이라고 할 수 있다.

자신의 내면에 있는 거인을 깨우는 결단을 선택하라.

>> 미래는 내안에 있다

당신의 미래는 당신 안에 잠들어 있습니다. 그리고 그 미래의 종류는 당신이 할 수 있는 선택들만큼이나 많습니다. 어떤 미래를 선택할 지는 오직 당신의 결단에 달려있습니다. 인생을 창조하는 모든 비밀은 외부가 아닌 당신의 마음 안에 있습니다. 당신의 삶은 결코 다른 사람에 의해 주어진다거나 결정되지 않습니다. 인생의 모습과 가고자 하는 방향을 정하는 것은 언제나 당신의 마음입니다. 미래는 운명의 손이 아니라 당신의 손에 달려 있다는 것을 명심하세요.
– 「나를 위한 하루 선물」 중에서

40대 공부로
활력과 유머를 되찾을 수 있다

인간은 사회적 동물이다. 즉 인간은 타인과 좋은 관계를 형성하며 살아가는 동물이다. 이러한 인간의 사회적 생존 특성을 잘 설명해주는 것 중 하나가 바로 인간의 행복과 성공은 얼마나 많은 부를 획득했는가가 아니라, 얼마나 좋은 인간관계를 맺고 있느냐 하는 것이 결정 짓는다라는 사실이다.

'성공한 사람들의 85%는 인간관계에서 성공이 비롯되었으며, 인간관계의 성공은 유머에 있었다.' 라고 카네기 멜론 대학의 연구진들은 발표한 적이 있다. 그리고 최고의 동기부여 전문가로 평가받고 있는 브라이언 트레이시는 다음과 같이 말했다.

"좋은 인간관계는 상대방을 잘 웃기고 자신도 잘 웃는 데에 달려 있다."

미국의 전설적인 판매왕인 조 지라드는 '웃음의 위력을 알지 못하는 사람은 결코 성공할 수 없다. 웃음만이 모든 것을 여는 만능 열쇠다.' 라고 말한 바 있다. 또 찰스 디킨스는 '질병과 슬픔이 있는 이 세상에서 우리를 강하게 살도록 만드는 것은 웃음과 유머밖에 없다.' 라고 했다.

미 합중국 역사상 위대한 대통령으로 평가받고 있는 링컨은 어떠한 상황에서도 활력과 유머를 잊지 않았던 사람이다.

남북전쟁이 한창일 때, 매우 불리한 상황과 많은 아픔과 슬픔속에서도 그는 각료회의를 할 때는 꼭 해학과 유머가 가득한 책을 각료들에게 읽어주었다. 상황이 상황이다 보니 대부분의 각료들은 웃을 수가 없었다. 그때 링컨은 다음과 같이 말했다.

"여러분! 왜 웃지를 못하십니까? 밤낮으로 나라 안팎의 여러 가지 문제들과 긴장과 안타까운 소식 속에 살고 있는데 만약 우리가 웃지도 못한다면 우리는 긴장과 슬픔에 묻혀서 죽고 말 것입니다."

링컨은 가난, 고독, 슬픔, 사업 실패, 약혼녀 사망, 신경 쇠약 등으로 많은 시련과 실패를 경험했다. 그럼에도 그로 하여금 다시 일어설 수 있게 만든 것은 바로 활력과 유머이며 웃음이었다. 그는 이 사실을 한마디의 말로 자신을 표현한 적이 있다.

"나는 울지 않기 위해 웃어야 했습니다. 나를 짓누르는 두려운 고통 때문에. 만약 내가 웃지 않았다면 나는 이미 죽었을 겁니다."

유머, 웃음은 우리에게 큰 힘과 에너지를 부여해주며 큰 시련과 역경과 슬픔을 잘 극복해낼 수 있도록 도와준다. 유머와 웃음의 이러한 장점을 잘 알고 있었기에 로버트 슐러 목사는 '꾸어서라도 웃어라' 고 설교한다. 또한 웃음과 유머는 생명을 연장시켜준다고 해도 과언이 아닐 정도로 건강에 좋다.

"그대의 마음을 웃음과 기쁨으로 감싸라. 그러면 1천 가지 해로움을 막아주고 생명을 연장시켜줄 것이다."

활력과 유머는 우리의 두뇌를 부드럽게 해주고 우리의 심신에 에너지를 공급해준다. 침울한 분위기에서보다 웃는 분위기에서 우리의 뇌는 더 잘 작동하도록 만들어졌다.

웃음과 유머를 중시하는 유대인들이 인구 대비 노벨상 수상자 비율이 그 어떤 민족들보다 높다. 즉 유대인들이 모든 분야에서 큰 성공을 거두고 있는 비결은 바로 유머를 중시한다는 데 있다. 아인슈타인은 상대성원리를 발견한 후 기자회견에서 다음과 같이 말했다.

"내가 상대성원리를 발견한 비결은 어릴 때부터 웃음을 중시한 데 있습니다."

상대성원리를 발견한 비결이 웃음을 중시한 것이라면, 과연 웃음의 위력이 사람에게 끼치는 영향이 얼마나 크고 광범위한 것인지 짐작할 수 있을 것이다.

이러한 사실을 야구 경기에 잘 적용하여 큰 성공을 거둔 사람이 있다. 바로 LA다저스 감독이었던 토미 라소다 감독이다. 그는 "기분 좋은 선수가 더 나은 경기를 합니다. 그래서 나는 늘 선수들을 즐겁게 하기 위해서 노력합니다. 명랑하고 기분이 좋으면 모든 것이 잘 풀립니다."라고 말한 바 있다. 그는 유머와 웃음이 우리 인간의 신체와 마음에 끼치는 영향력에 대해 누구보다 잘 알고 있었던 사람이었던 것이다. 선수들의 기분을 최대한 끌어올려서 최고의 결과를 만들어내는 비결은 바로 팀원들을 웃도록 만들어주는 것이다. 기분 좋은 소가 더 좋은 우유를 만들 듯이 웃으며 기분 좋은 팀원들이 더 좋은 경기 결과를 만든 것이다.

웃음과 유머는 세일즈맨들과 장사를 하는 사람들에게는 반드시 필요한 자질이다. 프린스턴 대학의 판매 연구소에 있는 제이슨 박사는 웃음과 판매실적의 관계에 대해 재미있는 실험을 하였다. 피실험자들을 세 그룹으로 나누어 물건을 팔게 하였다.
첫 번째 그룹에게는 웃는 얼굴 표정으로 물건을 팔도록 하였고, 두 번째 그룹에게는 무표정한 얼굴로 물건을 팔게 하였고, 마지막 세 번째 그룹에게는 인상을 쓰게 하였다.

그 결과 세 번째 그룹의 피실험자들은 하나도 물건을 팔지 못했고, 무표정한 얼굴로 물건을 판 두 번째 그룹은 목표량의 30% 정도만 판매하는 실적을 올렸다. 그리고 웃는 얼굴 표정으로 물건을 팔도록 한 첫 번째 그룹은 목표량을 훨씬 초과하는 판매량을 올렸다. 이러한 실험 결과는 웃음의 위력이 자기 자신 뿐만 아니라 물건을 사러 온 고객들에게도 직접적인 영향을 끼친다는 사실을 증명하고 있다.

"원하는 것이 있을 때 칼로 얻으려 하지 말고 웃음으로써 그것을 이루라."

웃음이 없이 보낸 날은 실패한 날이다. 웃으며 보낸 날은 최소한 실패한 날은 아니다. 웃으며 보낸 날이 많을수록 우리는 성공으로 좀 더 가까이 다가갈 수 있다.

>> 주어진 일을 사랑하라

기쁘게 일하고, 이루어 놓은 일을 기뻐하는 사람은 행복한 법입니다. 지금 당신에게 주어진 일이 무엇이든 그 일을 사랑하려고 노력하세요. 비록 작고 쉬운 일이라고 하더라도 자신에게 주어진 일을 사랑하고 최선을 다하세요. 지금 주어진 상황에 만족하고 행복할 때 더 큰 성장의 기회가 찾아올 것입니다.

– 「나를 위한 하루 선물」 중에서

40대 공부로
재미와 즐거움을 회복할 수 있다

요즘 가장 인기 있는 프로그램이 바로 오디션프로그램이다. 가수 지망생들이 여러 번의 오디션을 통해 서로 경쟁하며 우열을 가리는 프로그램이다.

이 프로그램을 보면서 한 가지 깨달은 사실이 있다. 그것은 바로 오디션을 볼 때, 너무 긴장을 하는 도전자들은 자신의 실력을 제대로 발휘하지 못한다는 사실이다. 그래서 안 좋은 버릇이 나오고 심지어는 노래 중간에 가사를 까먹게 되고 그로 인해 심사위원들로부터 엄청난 질책을 받게 된다. 하지만 한 가지 재미있는 사실은 심사위원들조차 감탄할 정도로 노래를 잘하게 되는 경우가 있는데, 그것은 바로 오디션을 본다는 것을 잊어버리고 노래를 오롯이 즐기는 도전자라는 것이다. 노래를 즐기는 도전자들은 결과에 상관없이 듣는 이로 하여금 기쁨을 선사해주며 즐거움을 준다는 사실이다.

이러한 점이 노래 오디션에만 적용이 되는 것일까? 아니다. 이러한 현상은 세상만사에 두루 적용된다. 가령 스포츠 경기에 있어서도 이러한 사실은 잘 입증된다.

『골프, 완벽한 게임은 없다(Golf Is not a game of perfect)』란 책의 저자 밥 로텔라(Bob Rotella)는 자신의 실력을 제대로 발휘할 수 있는 최고의 스윙은 그것을 의식하지 않고 즐기면서 자연스럽게 하는 스윙이라고 설명하고 있다. 결과에 집착하지 않고 과정에 집중할 때 더 좋은 결과를 얻게 된다는 것이다.

'이번에는 물 웅덩이에 절대 빠지면 안 돼.', '절대 이번에는 OB(실수)가 되면 안돼', '이번에도 실수하면 어떻게 하지' 라는 걱정과 고민으로 골프 그 자체를 즐기지 못하고 나쁜 결과에 집착할 때 실제로 결과마저 그렇게 나쁜 쪽으로 흘러가게 되는 것이다.

우리의 몸과 마음, 의식과 무의식을 지배하고 있는 우리의 뇌는 부정어에 대한 인식을 잘 구별하지 못하기 때문에 '물 웅덩이에 절대 빠지면 안 돼' 라고 계속 생각하고 집착하는 것은 뇌의 입장에서는 '물 웅덩이에 절대 빠져야 돼' 라는 의미로 받아들이게 된다는 것이다. 이러한 사실은 기업과 일에도 그대로 적용이 된다는 점이다.

레오나르도 다빈치는 이런 말을 남겼다.

"일을 즐겁게 하는 자는 세상이 천국이요, 일을 의무로 생각하는 자는 세상이 지옥이다."

천국에 살고 싶은가? 지옥에 살고 싶은가? 그 선택은 바로 우리의 삶의 태도에 달려 있는 것이다. 아무리 힘든 일을 하고 있더라도 재미와 즐거움까지 포기해서는 안 된다.

재미와 즐거움은 또 다른 보상을 가져다 준다. 그것은 우리의 내면으로부터 에너지가 샘 솟게 하고 덜 지치게 한다. 또한 우리에게 상상이상으로 다른 많은 유익함을 갖다 줄 뿐만 아니라 그 자체로도 큰 유익함이 된다. 이러한 사실은 영화 속의 대사 속에서도 쉽게 찾아볼 수 있다.

영화 『밀리언 달러 베이비』에 나오는 대사 중 하나를 보자.

"권투는 너무 힘든 스포츠야. 네 몸이 망가지고 코뼈도 부러지지. 그러나 네가 그 고통을 무서워하지 않고 즐긴다면 네 몸에서는 신비한 힘이 솟아날 거야!"

우리가 진정 무엇을 하든지 오롯이 즐겨야 하는 또 다른 중요한 이유는 그것이 수준 높은 경지에 도달하는 지름길이기 때문이다. 우리가 자다가 높은 침대에서 떨어져도 거의 다치지 않는 것은 떨어진다는 것에 대한 두려움이 없었기 때문이다. 즉 잠자는 것도 일종의 무아지경의 상태라고 볼 수 있다. 무아지경의 상태에서 우리는 우리 속에 숨겨진 최고의 능력을 발휘할 수 있다.

목욕탕에서 몸과 마음이 최상의 조건일 때, 우리는 자신도 모르게 입에서 노래가 흘러 나오게 된다. 이때 노래소리는 자신이 듣기에도 너무나 좋다는 느낌이 든다. 그것은 목욕탕이라는 특수한 공간적 조건 때문이기도 하지만 그것보다 더 중요한 이유는 무아지경의 상태에서 그것을 즐겼기 때문이다.

이와는 반대로 수많은 사람들 앞에서 노래하라고 하면 잘해야 한다는 부담감과 많은 사람들을 의식해야 하기 때문에 무아지경의 경지에 도달하기가 힘들다. 그리하여 자신의 실력에 못 미치는 경우가 많은 것이다. 무아지경의 경지에 도달하는 가장 좋은 방법은 그것을 오롯이 즐기는 것이다. 즐기기 위해서는 눈앞의 그 어떠한 것에도 연연해서는 안 된다.

어느 궁수가 산을 넘다가 어둠 저 멀리에서 무섭게 서 있는 산채만 한 호랑이를 보았다. 궁수는 자연스럽게 활 시위를 힘껏 당겨 활을 놓아서 그 호랑이를 명중시켰다. 궁수는 자신이 잡은 호랑이에게 가까이 다가갔다. 하지만 호랑이인 줄로만 알았던 그것은 호랑이가 아니라 큰 바위였다. 자신의 화살이 보란 듯이 그 큰 바위에 꽂혀 있었던 것이다. 궁수는 놀랍고 신기해서 다시 자신이 화살을 쏜 그 자리로 돌아와서 바위를 향해 힘껏 활 시위를 당겼다. 하지만 아무리 활 시위를 당겨도 그 이후에는 절대로 화살이 바위에 꽂히지 않는 것이었다.

아무 사심 없이 활 시위를 당긴 궁수는 자신의 능력을 유감없이 발휘할 수 있었던 것이다. 호랑이라고 생각하고 활 시위를 당길 때는 그야 말로 무아지경의 경지에서 활을 쏠 수 있었지만, 그것이 바위인 줄 알고 쏠 때는 이미 바위라는 사실을 자신도 모르게 의식하게 된 것이다. 그래서 이러한 의식이 자신의 정신과 에너지를 분산시키고 집중을 방해했던 것이다.

재미와 즐거움은 우리로 하여금 오롯이 즐기며 무아지경의 경지에 도달할 수 있도록 도와주는 힘인 것이다. 아는 자보다 좋아하는 자가 더 낫고, 좋아하는 자보다 그것을 오롯이 즐길 수 있는 자가 결국엔 대가가 되며 승자가 되는 이유다. 재미와 즐거움의 영향은 개인에게만 적용되는 것이 아니라 수많은 사람들로 구성된 복잡한 조직과 기업에도 그대로 적용된다는 사실에 주목할 필요가 있다. 이러한 재미와 즐거움을 경영철학으로 승화시켜서 기업경영에 적용하여 큰 효과를 거두고 있는 기업들이 적지 않다. 이러한 경영을 한 마디로 펀(fun) 경영이라 부른다.

펀 경영이란 쉽게 말해 기업의 종사자들과 고객이 모두 재미와 즐거움을 느낄 때, 생산성이 증대될 수 있다는 사실에 근거하여 재미와 즐거움을 창출하기 위한 경영전략이라고 말할 수 있다. 이러한 펀 경영이 21세기의 새로운 기업경영 트렌드로 꾸준히 각광을 받고 있는 이유는 '즐거운 기업'이 바로 '좋은 기업'이며, '훌륭한 일터'이기 때문이다.

'훌륭한 일터(GWP: Great Work Place) 운동'의 창시자인 미국의 경영 컨설턴트인 로버트 레버링(Robert Levering) 박사는 미국에서 처음으로 펀 경영 신드롬을 일으킨 주인공이다. 그는 회사의 번영과 성패는 바로 종업원인 인간에게 달려 있다고 주장한다. 그래서 기업의 구성원인 인간들이 만들어내는 기업문화와 같은 내부가치를 외부가치보다 더 중요시해야 한다고 설파했다. 그는 '훌륭한 일터'의 정의를 다음과 같이 정하고 있다.

"훌륭한 일터란 상사와 경영진을 신뢰하고 일에 자부심을 느끼며 동료 간에 재미를 느낄 수 있는 곳이다."

재미와 즐거움이 가득하고 구성원 간에 서로 신뢰하며 일에 자부심을 느낄 수 있는 곳이 바로 훌륭한 일터라는 그의 주장에 근거하여서 『포춘』지는 해마다 미국에서 일하기 가장 좋은 100대 기업을 매출액이나 회사 규모로 선정하지 않고 자기 일에 대한 자부심, 상사와 부하 또는 동료 간의 신뢰, 일에 대한 재미 등을 기준으로 선정하고 있다.

펀 경영이 우리나라에도 많이 도입되어서 훌륭한 일터를 만들기 위해 노력하는 기업들도 적지 않다. 하지만 펀 경영을 단순히 이벤트나 오락프로그램, 게임 등을 자주 개최하는 것을 펀 경영이라고 오해하기도 한다. 하지만 펀 경영의 진정한 핵심은 '일 자체에서 즐거움을 느끼게 하는 것'이다.

펀 경영의 모범 사례는 1970년대 초 사우스웨스트 항공사를 꼽을 수 있다. 이 항공사는 펀 경영을 도입하여 당시 항공업계의 불황 속에서도 유독 흑자 행진을 한 기업이다. 좀 더 구체적으로 이 기업에 대해 살펴보면, 사우스웨스트 에어라인은 1971년에 설립된 항공업계에서는 후발 주자이다. 하지만 이 기업의 업적은 매우 놀랍다. 고객 만족도 4년 연속 1위, 미 교통부 선정 트리플크라운상 5년 연속 수상, 『포춘』지 선정 '미국에서 가장 일해보고 싶은 100대 기업'에 3년 연속 선정, 미국 항공사 시가 총액 중 73% 차지, 최근 20년 동안 주가 수익률 1위, 그리고 가장 최근에 2011년 『포춘』지가 선정하는 '세계에서 가장 존경받는 기업 50위'에 4위로 선정 되기도 했다.

사우스웨스트 항공사는 부침이 심한 항공업계의 특성에도 불구하고 설립 이후 현재까지 매년 흑자 행진을 계속하고 있다. 이러한 주목할 만한 성과를 내고 있는 사우스웨스트 항공사의 비결은 무엇일까? 그것은 직원들에게 최고의 배려를 해주고 있기 때문이다.

기업의 경영진들이 직원들에게 해줄 수 있는 최고의 배려는 무엇일까? 그것은 내가 일하는 일터가 신뢰로 가득 차 있고 재미와 즐거움이 가득 차 있는 곳이다.

재미와 즐거움은 인류 생존을 위한 결정적인 요소이지만 우리는 자주 재미와 즐거움을 잊어버리고 현실의 삶에 괴로워한다. 우리는 웃음, 즐거움, 그리고 유머가 어른스럽지 못하며 반지성적이라고 말한다. 이러한 생각은 진실과 아주 동떨어진 얘기다.

대부분 마음의 병이 시작되는 최초의 증상은 현실의 삶 속에서 재미와 즐거움의 의미를 잃어버리는 데 있다. 우리의 삶을 더욱 생기 있게 해주고 활기차게 해주는 것이 바로 재미와 즐거움이라고 말할 수 있다. 우리가 현실의 삶과 직장 생활 속에서 그것을 상실하는 순간 우리는 살아가는 것이 아니라 시들어가고 있다는 사실을 명심해야 할 것이다. 일터에서 일하는 종업원들이 즐거워야 그들을 접하는 고객들이 즐거울 수 있다. 그러한 즐거움의 전염은 기업의 이익 극대화로 이어지게 된다. 사우스웨스트 에어라인을 타게 되면 듣게 되는 기내방송이다.

"오늘도 저희 항공사를 애용해주셔서 감사합니다. 저희는 여러분을 사랑합니다. 그리고 고객 여러분의 돈도 사랑합니다."

"담배를 피우실 분은 밖으로 나가셔서 비행기 날개 위에 앉아 마음껏 피우셔도 됩니다. 흡연 중에 감상하실 영화는 〈바람과 함께 사라지다〉입니다."

이처럼 재미와 즐거움은 그곳에서 일하는 직원들도 행복하게 해줄 뿐만 아니라 고객들에게도 큰 기쁨을 선사하게 된다. 이 두 가지 측면이 융합된 사우스웨스트 에어라인은 대형 항공사들이 벤치마킹하는 모범 항공사가 될 수 있었다.

조지 H. 부시 전 미국 대통령은 2009년도에 자신의 생일을 기념해서 스카이다이빙을 직접 몸으로 체험하였다. 이때 그의 나이 85세였다. 스카이다이빙을 한 뒤, 그는 팔둑을 힘을 주어 접어보이며 말했다.

"노인들도 재미있는 일을 할 수 있다는 것을 보여주고 싶었습니다."

이처럼 재미와 즐거움은 팔순 노인이 스카이다이빙과 같은 익사이팅한 취미생활을 즐길 수 있도록 만들어주는 힘이 있다. 그러한 취미생활을 즐기다 보면, 그로 인해 더욱 건강해지고 젊어 지게 된다. 그래서 재미와 즐거움을 추구하는 사람은 다양한 취미활동과 재미있는 일을 하면서 인생을 즐기게 되고 그러한 즐김과 재미를 통해 인생은 더욱 더 풍요로워지는 것이다. 이것은 일종의 선순환인 셈이다.

>> 가장 중요한 사람

긍정적인 시각과 부정적인 시각, 어느 것이 옳다고 단언 할 수는 없습니다. 두 시각 모두 세상을 보는 하나의 관점에 불과하니까요. 하지만 어느 것이 더 우리에게 유리한가를 따진다면 단연코 긍정적인 시각이 절대적입니다. 긍정적인 사람들은 기회를 놓치기도 하고 잡기도 하지만 부정적인 사람들은 완벽한 기회를 기다리느라 좋은 기회를 놓쳐버리기 때문입니다. 긍정적인 시각을 가지세요. 물론 그것이 성공을 보장하지는 않지만 적어도 당신을 멍하니 하늘에서 기회가 떨어지기만을 기다리는 바보로 만들지는 않을 것입니다.

– 『나를 위한 하루 선물』 중에서

40대는
가장 중요한 혁신의 시기이다

"40대 이후 10년은 모름지기 인생의 가장 중요한 혁명의 시기이다. 이때 전환하지 못하면 피기 전에 시든 꽃처럼 시시한 인생을 살게 된다."

『익숙한 것과의 결별』의 저자 구본형의 말이다. 그의 말처럼 마흔 살 10년은 우리 인생에서 가장 중요한 혁명의 시기라고 할 수 있다. 이때 제대로 된 공부를 통해 자신을 성장시키지 못한다면, 우리 인생은 그의 말처럼 피기도 전에 시들어버리는 꽃처럼 시시한 인생을 살게 될 것이 분명하다.

인생을 살면서 가장 혁명이 필요한 시기가 바로 40대이다. 가장 큰 변화가 필요한 시점도 바로 40대이다. 40대 때 제대로 혁명을 하지 못한다면 우리 인생의 후반기는 어떤 것도 제대로 시도해보지 못하고 세월에 이리저리 떠밀려 살다가 삶의 저편으로 사라지게 될 것이다.

55세에 은퇴한다고 가정할 때, 아무것도 시도하지 못하면 30년 이상을 허송세월로 보내야 할지도 모른다. 하지만 40대 공부를 제대로 하여 변화와 혁신에 성공하는 사람은 55세에 은퇴하면 바로 자신의 제2의 인생을 찾아서 의미 있는 인생을 정열적으로 살아갈 수 있다. 그래서 40대 공부를 한 사람과 하지 않은 사람은 하늘과 땅 차이이다.

좋은 대학에 입학하여 좋은 직장에 취직하고 안정적으로 화려한 삶을 살아가고 있는 사람이라고 하더라도 40대에도 여전히 그런 삶을 누릴 수 있을 거라고 믿는다면, 그는 인생이 얼마나 길어졌고 시대와 상황이 얼마나 많이 변하고 있는지를 전혀 느끼지 못하는 사람이라고밖에 할 수 없다. 현재 자신의 위치와 형편이 아무리 좋다 해도 그것은 세상의 빠른 변화와 흐름으로 언제 변할지 모른다. 그러므로 현재의 삶과 직장에 만족한다고 하더라도 절대로 안주해서는 안 된다.

40대는 치열하게 혁신과 변화를 시도해야 할 시기이다. 마흔 살의 10년은 그 이후의 30년하고도 바꿀 수 없는 매우 귀중한 시간이다. 이 중요한 시기를 철저하게 자신을 성장시킨 사람과 그렇게 하지 않고 현재의 삶에 만족하여 나태하고 편한 삶을 살고 있는 사람 사이에는 큰 차이가 나게 되어 있다.

인간의 일생에서 육체적으로 가장 최고의 상태가 유지되는 것은 아마도 20대일 것이다. 그렇다면 지적으로나 정신적으로 가장 최고의 상태가 유지되는 시기는 언제일까?

이러한 질문에 대해 해답에 대한 실마리를 발견할 수 있는 아주 귀한 책이 있다. 바로 『가장 뛰어난 중년의 뇌(The Secret Life of the Grown-up Brain)』라는 책이다. 이 책의 저자는 『뉴욕타임스』의 의학 및 건강 전문기자이며 베스트셀러 작가인 바버라 스트로치(Barbara Strauch)」이다. 그녀는 자신의 저서를 통해 가장 중요한 결정은 중년에게 맡겨야 한다고 역설하고 있다. 왜냐하면 중년일 때의 뇌가 가장 똑똑하고 가장 침착하고 가장 행복하기 때문이다.

"인류 역사의 오랜 기간 동안 중년은 대개 무시되었다. 탄생, 젊음, 노년, 죽음은 모두 나름의 대우를 받아왔지만 중년은 무시되었을 뿐만 아니라 심지어 별개의 실체로 여겨지지도 않았다.

물론 인류 역사에서 중년이 무시된 것은 충분히 이해할 수 있는 것이다. 삶이 가혹하고 짧았으므로 중간에 할당할 시간이 없었던 것이다. 그리스 시대에 이르러서는 원숙함이 존경을 받았다. 예컨대 그리스 시민들은 50세가 되어야 배심원이 될 수 있었다. 하지만 그리스 시대에 중년에 해당하는 연령은 현재 중년 연령의 근처에도 미치지 못한다. 무엇보다 그렇게 오래 사는 그리스인이 그다지 많지 않았다. 고대 그리스인의 평균 기대수명은 서른 살이었다. 더 오래 산 행운의 영혼들이라 해도 인생의 높은 봉우리에 도달해 상쾌한 공기를 들이마시자마자 허겁지겁 노년의 골짜기로 하산했다고 보면 될 것이다.

물론 지금은 그 모두가 달라졌다. 1세기 전만 해도 약 47세였던 선진국의 평균수명이 지금은 78세에 달하는 등, 인간의 수명이 늘어남에 따라 우리에게는 지금껏 경험해 보지 못한 긴 폭의 시간이 생겼다. 그 길어진 시간을 중년의 사람들이 메워야 하는 사명을 부여받았다. 중년에 관한 책들이 나왔고 영화들이 만들어졌으며 연구가 시작되었다."

『가장 뛰어난 중년의 뇌』 서문 중에서

이제 인류는 중년의 시기가 긴 인생을 사는 데 얼마나 중요한 시기인지에 대해 서서히 깨닫기 시작했다. 과학 기술의 발전으로 인해, 뇌 스캐너와 유전자 분석 같은 새로운 도구와 더 정교해진 장기적 연구로 인해 중년의 뇌는 마침내 받아야 할 대우를 받게 되었다.

패턴인지, 어휘력, 종합능력, 통찰력, 판단력, 직관에서 중년의 뇌야말로 가장 뛰어나다고 역설하고 있다. 핵심을 꿰뚫어보는 능력이 가장 뛰어난 시기가 바로 중년이라는 사실을 알게 된 것이다.

>> 가까운 곳에 있는 기회부터 잡아라

결정적인 단 한 번의 기회를 기다리느라고 눈앞의 작은 기회를 버리는 것은 어리석은 일입니다. 작은 기회라고 가볍게 보지 마십시오. 그 작은 기회가 결정적인 기회를 얻기 위한 초석일 수 있습니다. 모든 가능성을 열어두고 작은 기회라도 최선을 다하세요. 소중하지 않은 기회는 없습니다. 어떤 기회가 어떻게 연결될지는 누구도 알 수 없습니다.

– 『나를 위한 하루 선물』 중에서

40대 공부로
좋은 인간관계를 형성할 수 있다

인생의 행복과 성공을 결정짓는 중요한 요소 중의 하나가 인간관계라는 사실을 우리는 알고 있다. 우리의 삶에 큰 영향을 끼치는 실질적인 인간관계는 40대 이후에 맺은 인간관계라는 사실이 연구 결과에서 밝혀졌다. 하바드대학교의 인생성장보고서 『행복의 조건』이란 책에서 행복과 성공의 조건은 '사랑과 신뢰를 주고받을 수 있는 좋은 인간관계'라고 발표했다.

조지 베일런트 교수는 '행복하고 건강한 삶에도 법칙이 있을까?'라는 질문을 중심으로 반세기를 넘게 연구되어 온, '하바드대학교 인생성장 보고서'라는 프로젝트에 참여한 교수이다. 그는 이 프로젝트의 연구팀들이 70년 동안 하바드대학의 졸업생들의 인생을 추적 조사한 결과를 한 권의 책으로 만들었는데, 바로 그 책이 『행복의 조건』이다.

이 연구의 책임자 조지 베일런트 교수는 행복하고 건강한 삶을 위해 필요한 것들 중에 하나로 '성숙한 방어기제'와 함께 꼽은 것이 바로 '40대 이후의 좋은 인간관계'이다.

부침이 심한 인생길에서 누구에게나 다 슬픔과 아픔이 있게 마련이다. 그런 가운데에서도 행복하고 기쁘게 살아가는 사람과 불행하게 살아가는 사람이 있다. 그 양자의 차이가 바로 조지 베일런트 교수가 밝힌 행복의 조건인 '성숙한 방어기제'와 '40대 이후에 맺은 좋은 인간관계'의 차이라는 것이다.

'성숙한 방어기제'란 인생을 살면서 만나게 되는 여러 가지 상황들에 대하여 성숙하고 의연하게 대처해서 극복해 나가는 삶의 태도, 마음가짐 등을 말한다. 그래서 시련과 슬픈 환경을 만났을 때, 그것을 어떤 식으로 대처하고 극복해 나가느냐는 것이 행복하고 건강한 삶의 중요한 조건 중의 하나라는 것이다.

또 다른 하나의 행복의 조건은 '40대 이후의 좋은 인간관계'인데, 특히 나이가 들면 들수록 사람은 혼자서만 행복하게 살 수 없을 뿐만 아니라 행복할 수 조차 없다라는 사실을 강조한다.

우리의 인생이 얼마나 풍요롭고 충만하고 행복한 인생인지를 결정하는 것은 세상의 부와 명예와 권력이 아니라, 인생의 산전수전을 다 겪은 후에도 함께 기쁨과 슬픔을 나눌 수 있는 진실된 인간관계라는 것이다. 특히 인생을 제대로 알고 깨닫게 되는 40대 이후에 새롭게 형성되는 인간관계의 질과 양은 절대적으로 우리의 인생의 성공과 행복에 큰 영향을 미치게 된다는 것이다.

'인간의 행복은 90%가 인간관계에 달려 있다.'

우리는 인간관계를 잘 맺어야 한다. 그러기 위해서는 상대방을 이해하고 배려해야 하며 겸손하고 겸허해야 한다. 성격이 밝아야 하고 언제나 활기가 넘쳐야 한다. 자신감이 넘치고 설득력이 있어야 한다. 이러한 것들은 돈을 주고 살 수 없다. 하지만 공부를 통해서 익힐 수 있다. 그러므로 공부를 하는 사람 주위에는 사람들이 모여들게 되는 것이다. 돈을 보고 모여 드는 사람은 돈이 없어지면 소리도 없이 사라지지만, 공부를 하는 사람의 삶의 모습과 자세 인격과 품성을 보고 모여드는 사람들은 끝까지 사라지지 않는 사람들이다.

사람은 끼리끼리 모이게 마련이다. 놀기만 좋아 하는 사람 주위에는 그런 사람들만 모이게 되어 있고, 열심히 자신을 성장시키는 공부하는 사람 주위에는 스스로 자신을 갈고 닦는 공부하는 사람들이 모이게 마련이다. 인간관계의 질이 공부하는 사람과 하지 않는 사람은 차이가 크게 날 수밖에 없는 것이다.

>> 내 인생에 책임감을 가지자

당신 자신의 인생에 대한 책임감을 가지세요. 신이 당신에게 준 인생이라는 기회를 어떻게 사용할 지는 오롯이 당신의 몫입니다. 당신의 몫을 기쁘게 감당하고 선택에 대한 책임감을 가지세요. 당신 운명의 열쇠가 당신 손안에 있음을 항상 기억하세요.
– 「나를 위한 하루 선물」 중에서

40대 공부로
고정관념을 타파할 수 있다

왜 비슷한 능력의 사람들 중에 성공하는 사람은 극소수밖에 되지 않는 것일까? 이 세상에 차고 넘치는 수많은 자기계발 책을 읽고 노력하는 사람들은 적어도 50% 이상은 성공을 해야 하는 것이 아닌가?

아무리 지식적으로 성공의 비법과 행복의 비결을 알고 있다고 해도 우리는 성공하기보다는 실패하기가 쉽다. 그 이유는 바로 우리의 의식적인 노력보다 우리를 실패하게 만들고, 불행하게 만들고, 온종일 걱정 속에서 사로잡히며 살아가게 하는 무의식의 영향이 훨씬 더 크기 때문이다. 놀라운 사실은 우리는 자신도 모르게 무의식이 조종하는 대로 살아가고 있다는 것이다.

어떤 심리학자는 '의식이 1이라면 무의식이 9에 해당된다'라고 말한다. 또 어떤 심리학자는 '의식이 1이라면 무의식이 24에 해당된다'

라고 말하기도 한다. 심지어 그 이상이라고 주장하는 학자들이 있다. 물론 무의식의 크기를 정확한 수치로 표현할 수는 없다. 하지만 최근에 발표된 연구 결과에 따르면, 무의식의 영향력이 우리가 지금까지 알고 있던 것보다 훨씬 더 크다는 점에 많은 학자들이 공감한다는 사실이다.

바로 여기에 우리가 그토록 많은 성공의 방법과 비밀을 알고 있음에도 성공하지 못하고 실패하는 이유가 있다. 즉 그것은 바로 우리의 능력을 제한하고 우리의 사고를 마비시키고 부정적으로 흘러가게 하는 고정관념을 우리의 의식으로는 바꾸기가 매우 힘들다는 것이다.

우리가 고정관념(固定觀念)을 바꾸기가 그렇게도 어려운 것은, 그것이 무의식의 영역이기 때문이다. 우리를 성공하지 못하게 하는 고정관념이 나의 의식과 몸과 마음을 제한해버리기 때문이라는 것이다. 이러한 고정관념을 바꾸기 위해 우리는 높은 의식의 생각과 스스로에 대한 믿음이 있어야 한다. 하지만 불행히도 그것은 쉽게 이루어지지 않는다. 고정관념이 무의식의 영역에 너무 깊숙이 자리하고 있기 때문이다.

고정관념이란 괴물은 우리의 능력과 잠재력을 사장시켜버리고 우리가 날아오를 수 없도록 날개에 무거운 추를 달아서 재능과 무한한 상상력과 사고를 모두 제한해버린다. 결과적으로 인생의 많은 경험을 겪어 온 40대들로 하여금, 새로운 꿈을 꾸지 못하게 하고, 도전을 포기하게 하는 주범이 바로 우리의 무의식 속에 자리잡고 있는 고정관념인 것이다.

이 나쁜 고정관념은 우리가 새로운 희망적인 사고를 하지 못하게 희망의 싹을 밟아버리고, 우리를 부정적이고 절망적인 사고의 감옥 속으로 옭아매어버리고, 그로 인해 우리가 인생의 낙오자와 패배자로 살게 하면서 그곳에서 헤어나오지 못하도록 견고한 진을 쳐 놓고 있다. 마치 난공불락의 요새와 같은 것이다.

이러한 곳을 공격하여 빼앗기는 결코 쉽지 않기 때문에, 그토록 많은 실패자들이 이 세상에 차고 넘치는 것이다. 이러한 난공불락의 요새를 공략하기 위해 반드시 필요한 것은 무의식의 무시무시한 영향력과 맞서 싸울 수 있는 사고의 확장과 사고력의 향상이 절대적으로 필요하다. 그리하여 공부가 필요한 것이다. 공부를 통해 우리는 사고의 틀을 격파할 수 있고, 새롭고 유연한 사고를 할 수 있고, 거기에 더해 사고력을 키울 수 있는 것이다.

이런 점에서 공부를 하지 않고 성공한다는 것은 매우 불가사의한 일이다. 그렇기 때문에 우리는 공부를 통해 고정관념을 타파할 수 있고, 그 결과 마음껏 꿈을 꿀 수 있고 도전할 수 있고 궁극적으로는 성공할 수 있는 것이다.

>> 어제의 나를 이기자

당신이 이겨야 할 사람은 당신의 경쟁자가 아닌 바로 어제의 당신입니다. 어제의 당신에게 지지 마세요. 어제보다 오늘 더 성장하고 앞서 있는 사람이 되고자 노력하세요.

- 「나를 위한 하루 선물」 중에서

40대 공부로 남과 다르게 생각하고, 남과 다른 것을 볼 수 있다

　우리가 보다 나은 삶을 살기 위해서 필요한 것은 남과 다른 생각, 남과 다른 시각과 남과 다른 방식이다. 즉 '지금까지 아무도 시도해보지 않았던 새로운 방식'이 필요하다. 누구나 다 하던 방식대로 살면, 결과는 누구나 다 할 수 있는 정도에만 머물게 된다. 하지만 아무도 시도해보지 못했던 방식, 즉 그 누구도 생각해내지 못했던 방식을 생각해내고 그 방식대로 시도하면, 그 결과는 절대 누구나 다 할 수 있는 수준에서 머물지 않는다는 사실이다.

　이러한 사실을 잘 말해주는 사례가 바로 1968년 멕시코 올림픽에서 지금까지와는 다른 방식으로 높이뛰기를 하여 신기록을 세우고 금메달을 딴 딕 포스베리(Dick Fosbury)이다.

　그가 멕시코 올림픽에서 신기록(2m 24cm)을 세우며 금메달을 따게 된 것은, 바로 남과 다른 것을 볼 줄 알았고 남과 다른 방식을 시도할 줄 알았기 때문이다. 그래서 똑같은 조건의 높이뛰기 선수의 입장에서 딕 포스베리는 아무도 생각해내지 못했던 새로운 방식을 시도해서 신기록을 세우며 우승할 수 있었던 것이다.

지금까지 누구나 다 알고 있고 누구나 다 연습했던 높이뛰기는 앞으로 뛰는 방식인 가위뛰기, 엎드려뛰기 등의 방식이었다. 그것이 정석이라는 것에 누구도 이의를 제기하지 않았다. 딕 포스베리 역시 학창시절부터 엎드려뛰기 자세로 연습을 했다. 하지만 남들이 다 하는 방식으로는 도저히 남들보다 잘할 수 없다는 사실을 깨달았다. 그는 자신이 남들보다 수직도약이 약하다는 단점을 알고 있었고 또한 자신은 남들보다 더 엉덩이가 처진다는 문제점을 발견했다. 그러한 약점들을 하나씩 보완하기 위해 연습을 거듭했다. 하지만 그가 깨닫게 된 것은 아무리 피나는 연습량에도 자신이 남들보다 더 높이 뛸 수는 없다는 점을 확인한 것이다. 자연히 그는 높이뛰기 선수를 포기할 생각까지 하였다. 도저히 자신의 능력으로는 안 된다는 것을 알면서도 그것을 위해 노력한다는 것은 스스로도 현명한 삶이 아니라고 생각되었던 것이다.

하지만 그는 높이뛰기를 하는 방식에 대하여 심각하게 고민해보았다. 왜 높이뛰기는 가위뛰기, 엎드려뛰기 등의 방식으로만 뛰어야 하는가? 나의 단점들을 보완해 줄 새로운 방식은 없는 것일까?

그는 남들이 보지 못한 것을 보고 남들이 시도하지 않은 전혀 다른 새로운 방식을 시도해야 한다는 점을 확신하고 자신에 맞는 높이뛰기 방식을 연습하였다.

그 결과 그는 기존의 방법과는 차원이 다른 높이뛰기 방법인 포스베리 플롭(Fosbury Flop), 즉 배면뛰기(Flop jump) 방식을 탄생시켰다. 그로 인해 그는 올림픽에서 자신의 한계를 뛰어넘으며 세계신기록을 세울 수 있었던 것이다. 이것이 바로 '지금까지 아무도 시도해보지 않았던 새로운 방식' 을 시도했을 때의 엄청난 결과인 것이다.

이와 같은 사례는 이것뿐만이 아니다. 역대 올림픽 배영 100m 종목에서 그 어떤 선수도 1분의 벽을 깨지 못하던 시절이 있었다. 1908년 런던올림픽에서는 1분 24초가 세계기록이었고, 20년 후인 1928년 암스테르담에서의 우승기록은 1분 8초였다. 아무리 노력해도 배영 100m 종목에서 1분의 벽을 넘지 못했던 것이다. 하지만 이러한 1분의 벽을 깬 것은 실력이나 능력, 피나는 훈련과 연습이 아니라 바로 '지금까지 아무도 시도해보지 않았던 새로운 방식' 이었다.

그 누구도 깨지 못한 배영 100m '1분의 벽' 을 깬 장본인은 바로 아돌프 키에퍼였다. 그는 고등학교 수영 대회에서 58.5초라는 기록을 세웠다. 그가 도저히 깨지지 않을 것 같던 기록을 깰 수 있었던 근본적인 비결은 바로 남들이 아무도 시도해보지 않았던 플립턴(Flip turn)이라는 방식이었다. 기존의 수영선수들은 모두 전통적인 방식인 사이드턴, 즉 손으로 벽을 짚고 턴을 하던 방식만을 알고 있었고 그 방식만을 사용했던 것이다. 이 사이드턴 방식은 선수들이 앞으로 전진하는 힘을 많이 소멸시키는 방식이었다. 하지만 아돌프 키에퍼가 시도한 플립턴 방식은 벽에 도달하기 1m 전 지점에서 미리 회전하여 손이 아닌 발로 벽을 짚고 밀어내기 때문에 선수들이 앞으로 전진하는 힘을 그대로 보존하는 새로운 방식이었던 것이다. 거의 모든 선수가 사이드턴, 곧 손으로 벽을 짚고 턴을 했지만 아돌프 키에퍼는 손이 아닌 발로 벽을 짚고 턴하는 방식을 만들어 새롭게 시도하였고 그 결과 배영 100m 종목에서 아무도 깨지 못했던 1분의 벽을 깰 수 있게 되었다.

이것이다! 바로 이것이 남과 다른 것을 볼 줄 알았고, 남과 전혀 다른 방식을 시도할 수 있는 자의 위력이다. 우리에게 필요한 것은 피나는 훈련과 연습, 뛰어난 재능뿐만이 아니라, 남과 다른 시각과 견해를 가지고 남들이 한 번도 시도하지 않았던 새로운 방식에 대한 발견과 도전인 것이다. 남과 다르게 생각하고, 남과 다른 것을 보고, 남과 다른 방식을 시도하는 것이 우리 시대의 성공의 비결인 것이다.

40대여! 당신에게도 당신만의 방식을 발견하고, 시도하라. 가장 당신다운 방식이 바로 남과 다른 방식이다. 당신의 인생 경험과 모든 지식을 통합하여 남들이 한 번도 시도해보지 않았던 새로운 방식으로 새로운 인생에 도전해 보자. 새로운 세상이 다가올 것이다.

40대의 10년은 이러한 시도와 도전을 하기에 가장 좋은 나이이다. 우리 인생에의 플립턴은 바로 40대 공부인 것이다.

'왕도'는 없지만 '길'은 있다

효과적인 독서법

크게 5단계다. 우선 교과서를 목차 중심으로 처음부터 끝까지 쭉 훑어 읽는다. 전체 내용을 파악하기 위한 과정이므로 읽다가 모르는 것이 나와도 그냥 넘어간다. 책을 속독한 뒤 주제가 무엇인지 그리고 궁금한 것들을 종이게 메모해본다.

다음은 밑줄을 그어가며 읽는 정독 단계. 호기심이 일었던 부분을 집중적으로 읽는다. 주요개념을 파악하고 읽다가 모르는 말이 나오면 반드시 앞장으로 다시 넘어가서 확인한다. 보통 이 정도만 해도 책 한 권을 완전히 숙독한 상태다.

다음은 시험에 대비하기 위한 암기 과정. 큰 흐름을 머릿속으로 그린뒤 그 내용을 도식으로 정리하고 주요 내용이나 개념을 암기한다.

마지막으로 복습. 교과서에 밑줄 쳐진 부분을 다시 한 번 읽고 암기한 것을 다시 한 번 확인한다. 이 과정을 충실히 하면 기억이 2배 이상 오래 지속된다.

학습 계획표 짜기

학습계획표는 공부 휴식 등으로 막연하게 짤 것이 아니라 학습량 중심으로 구체적으로 짜야 한다.

학습계획표를 세우려면 큰 계획이 서야 한다. 우선 무슨 과목을 어떤 교재로 몇 시간동안 공부할 것인지를 정한다. 예를 들어 300쪽 분량의 수

학문제집을 1달 동안 풀기로 결정했다면 '하루에 10쪽씩 공부한다' 는 30일 계획을 세우고 학습계획표도 '아침 9시~11시까지는 수학 문제집 20쪽~29쪽을 푼다' 식으로 짠다. 욕심만 앞서서 무리한 학습계획표를 짜면 실천이 어렵다. 만약 계획표대로 실천이 이루어지지 않는다면 그 이유를 분석해 수정계획표를 세운다.

노트필기법

노트필기의 목적은 자신이 적어놓은 것을 나중에 다시 보면서 복습하기 위함이다. 그러므로 글씨를 잘 쓰느냐 못 쓰느냐는 중요하지 않다. 자신이 읽을 수만 있으면 된다. 노트필기는 들여쓰기를 잘 해야 한다. 큰 1번이 있고 작은 1번이 있고 더 작은 1번이 있다. 서로 다른 1번을 상위 개념과 하위 개념으로 잘 분류해 눈에 잘 띄게 줄을 맞춰 적는 것이 중요하다.

노트 필기는 수업집중에도 도움이 된다. 선생님의 강의를 하나도 빠짐없이 적는다는 생각으로 노트필기를 하면 수업집중 효과도 거둘 수 있다. 선생님이 판서한 것은 검정색. 자신이 보충한 것은 파란색, 또 중요한 것은 빨간색 등으로 색을 쓰는 것이 좋다. 그러나 색깔이 4개 이상일 경우 혼란스러울 수 있다.

집중력 향상법

우선 집중이 되지 않는 이유를 따져봐야 한다. TV나 라디오 때문에 주변이 너무 소란스럽다면 스위치를 끄거나 다른 조용한 곳으로 옮긴다. 개방된 공간보다는 폐쇄된 공간이 집중이 잘된다. 또 개인마다 집중이 잘되는 시간대가 있는데 이 시간을 학습에 최대한 활용한다. 잡념이 생기면 간단한 맨손체조를 하거나 세면으로 기분전환을 하는 것도 좋다.

학습 목표를 명확히 세우는 것도 집중력 향상에 도움이 된다. '이 단원까지만 공부하고 쉬어야겠다'는 식으로 자기보상을 주는 것도 한 방법이다. 책상에는 만화책이나 연예인 사진같이 공부에 방해되는 물건을 두지 않고 학습 준비물은 한번에 완전히 챙겨 한 번 앉은 책상에서 자주 들락날락하지 않는다.

- 경향신문 1998. 1. 10

4장
운도 공부하는 사람에게 더 많이 따라 온다

우리는 길을 찾거나 아니면 만들게 될 것이다.

– 한니발

궁하면 반드시 통한다.
그리고 공부하는 자에게는 더 통한다

우리가 살아온 인생도 그렇지만, 앞으로 살아가야 할 인생 역시 부침이 심할 것이다. 가슴 벅찬 환희의 순간도 맞이할 때가 있겠지만 그 기쁨이 오래가지 못하는 경우도 있다. 경우에 따라선 내 인생에 몰아닥친 슬픔과 시련을 도저히 이겨낼 수 없을 것도 같다. 또 어떤 때는 도저히 답이 없어 보이는 진퇴양난의 위기 속에 놓일 때도 있을 것이다. 그래서 귀중한 인생을 스스로 포기해버리는 안타까운 사람들도 있다.

바로 그때! 답이 없어 보이고 가장 힘들다고 생각이 들 때, 그때가 바로 위기의 전환점을 돌아서 희망으로 방향을 돌릴 때라는 사실을 우리는 알아야 한다. 가장 어두울 때가 새벽 미명이듯, 우리 인생에서 가장 힘들 때가 인생의 미명이라는 사실을 명심하자.

가장 힘들 때, 이미 또 다른 해결책이 우리를 향해 다가오기 위해서 출발을 한 시점이라고 생각해도 좋을 것이다. 이 세상에는 영원한 성공도, 영원한 실패도 없다.

『주역(周易)』에서는 다음과 같은 말로 인생의 변화를 말하고 있다.

"궁즉변, 변즉통, 통즉구"
窮卽變, 變卽通, 通卽久
'궁하면 변하게 되고, 변하면 통하게 되고, 통하면 오래가게 된다.'

『주역』은 음과 양, 두 핵심적인 요소를 통해 세상만사의 변화의 이치를 담아 내고 있는 학문이다. 『주역』에서는 가장 성할 때가 이미 쇠퇴의 길로 전환하게 되는 시기이며, 가장 밑바닥일 때가 다시 오르막의 길로 전환되는 시기라는 것이다. 이것을 『주역』에서 말하는 음과 양의 이치다. 음의 기운이 다하면 양의 기운으로 변하고, 양의 기운이 다하면 음의 기운으로 변한다는 사실이다. 그래서 『주역』의 변화의 핵심을 4가지 단어로 요약할 수 있다. 궁(窮), 변(變), 통(通), 구(久).

궁(窮)이란 모든 상황이 극에 달한 상태를 말한다. 이 상태에서 가장 변화가 잘 일어날 수 있다. 세상만물은 변화가 일어나려면 가장 극한 상황, 즉 궁극(窮極)에 이르러야 한다. 가장 극한 상황에 놓일 때, 사람은 궁구(窮久)하게 되고 최선을 다하게 된다. 지금까지 한 번도 시도해 보지 않았던 방법을 궁구하게 되면 시도한다는 것이다. 시쳇말로 이판사판의 마음을 갖게 되어 무엇이든지 살 궁리를 한다는 것이다. 그것이 곧 변화로 이어지게 되는 것이다.

'궁즉통(窮卽通)'이란 '궁하면 반드시 통하게 되어 있다'라는 희망적인 메시지가 담겨져 있는 것이다. 자신이 이루고자 하는 일이 뜻대로 잘 풀려서 삶이 매우 만족스럽고 풍요로울 때, 그때가 바로 우리 인생에서 다시 내리막을 가야 할 시기라는 것을 『주역』에서는 가르쳐준다. 즉 가장 힘들 때 좌절하지 말라는 희망을, 가장 잘 나갈 때 교만하지 말라는 처세의 교훈을 전해주는 것이다. 해가 중천에 이르면 기울기 시작하고, 달이 차면 이지러지기 시작하고, 천지가 가득 차면 빠지기 시작할 것이다. 이는 때에 따라 없어지고 멈추게 되는 이치이다.'라고 『주역』에서는 말하고 있다.

'궁즉통'이 우리에게 일러주는 철학적 사유는 '궁할 때는 반드시 통하게 되듯이, 통할 때 역시 반드시 궁하게 될 수 있으므로, 아무리 힘들더라도 포기하지 말고 나아가라는 것이며, 아무리 잘 나가더라도 멈추라는 것이다.

『주역』에서 가장 중요한 것은 만물의 변화 중심에는 인간이 있다는 것이다. 스스로 변화의 길을 궁리하라는 것이다. 스스로 변화의 길을 궁리하지 않는 자에게는 아무리 궁하더라도 그 궁함이 변화로 이어지지 않는다. 궁함이 변화로 이어지기 위해서 반드시 필요한 것이 바로 스스로 변화를 궁리하고, 그 궁리함을 실행해야 한다는 이치가 담겨 있다.

자연을 보라. 봄이 극에 달하면 스스로 자각하여 여름으로 나아간다. 이때 자연은 봄의 모든 모습들과 특징들을 스스로 변화시켜 여름의 옷으로 스스로 갈아입는 것이다. 그렇게 하기 위해서는 이미 만들어놓은 봄의 모든 모습들을 스스로 버려야 한다. 봄이 봄을 온전하게 버리기 시작할 때, 비로소 그때부터 여름이 시작되고 변화가 시작되는 것이다.

우리 인생도 과거의 괴로운 삶을 떨쳐버리기 위해서는 과거의 삶은 완전히 버려야 한다. 과거의 습관, 과거의 생각, 과거의 모습을 완전히 버릴 때 보다 나은 자신의 모습과 습관과 생각이 비로소 시작되는 것이다.

궁즉통의 핵심은 바로 변화를 위한 비움이다. 모든 것이 다 극에 달했을 때에는 더 이상 채울 수 없게 된다. 그때 자연은 누가 시키지 않아도 비우기 시작한다. 그리고 그러한 비움은 바로 변화로 이어지는 것이다.

우리는 이러한 이치를 간과해서는 안 된다. 우리의 삶에서 가장 큰 위기를 만났을 때, 우리가 해야 하는 것은 변화를 시도하는 것이다. 그리고 그 변화의 핵심은 비움이다. 자신이 가지고 있었던 자신의 삶에 대한 불신, 두려움, 과거 성공에 대한 도취, 현실에 대한 안주(安住), 좌절감과 자포자기 같은 것들을 내면으로부터 온전하게 비울 때 참 된 변화가 시작되는 것이다.

인생을 살다 보면, 운이 따라 주지 않아서 실패를 경험하게 될 때가 많다. 비슷한 능력과 실력을 가지고 있고 서로 노력을 했지만, 어떤 동료는 회사에서 인정을 받고 인간관계도 좋고 평판도 좋아서 높은 직위에까지 올라가는 것에 반해, 어떤 동료는 인정을 못 받고 인간관계도 자신의 의도와 달리 나빠지고 평판도 덩달아 좋지 않게 되어 실패자의 길을 걷게 된다.

같은 대학을 나오고 실력도 비슷하고 업무 능력도 뛰어나며 입사한 회사도 같은 두 사람이지만, 십 년 후에 그들의 삶을 비교해 보면 한 사람은 크게 성공하여 잘살고 있지만, 한 사람은 이혼을 하고 직장에서 이미 오래 전에 쫓겨나서 별 볼일 없는 직장에서 별 볼일 없는 일을 하며 가난하게 혼자서 외롭게 살고 있는 것을 종종 볼 수 있다.

인생의 성공과 실패가 비단 노력이나 실력에만 좌우되는 것이 아니다. 분명히 운이라는 것도 크게 영향을 끼친다고 볼 수 있다. 하지만 이러한 운도 좋아하는 사람이 따로 있다. 바로 '공부'를 하는 사람이다. 즉 운도 공부하는 사람에게 잘 따라온다는 사실이다.

물론 항상 운이 좋은 사람이란 흔치 않다. 하지만 나쁜 운이라 할지라도 공부하는 사람에게는 그러한 나쁜 운마저 좋은 운으로 바뀔 수 있다. 그래서 공부는 단순한 취미 활동이나 그런 차원의 활동이 아닌 것이다. 공부는 삶을 한 단계 승화시키는 놀라운 고차원적인 활동이다. 뿐만 아니라 인간을 둘러 싸고 있는 기와 운마저 좋은 것으로 바꾸어줄 수 있는 놀라운 활동이라고 말할 수 있다.

인맥 형성도
공부하는 사람이 잘할 수 있다

성공적인 인생을 살아가고 있는 사람들의 공통점은 네트워킹, 즉 인맥이 뛰어나다는 점이라고 말할 수 있다. 다시 말해 네트워킹이 강한 사람은 행복하게 사는 사람들이고, 그러한 네트워킹은 성공적인 인생으로 이어진다. 특히 40대 이후에는 새롭게 관계를 형성하는 사람들에 의해 인생의 행복과 성공이 결정된다고 볼 수 있다. 그렇다면 어떻게 해야 인맥 형성을 제대로 잘할 수 있는 것일까?

『개구리 성공학』의 저자 달시 레자크는 성공적인 인생을 살고 싶다면 무엇보다도 적극적인 네트워킹의 파워를 이용하라고 주문한다.

훌륭한 네트워커가 된다는 것은 적극적 네트워킹을 구축하라는 말과 같다. 적극적 네트워킹의 비결은 모든 관계에 뛰어들어서 발을 담그는 것이다. 그렇게 하는 이유는 '한 명의 왕자를 발견하기 위해서는 많은 개구리들과 키스해야 한다.'는 것이다. 많은 개구리들과 키스한다는 말은 많은 사람들과 만난다는 것이다. 그래서 더 많은 개구리들을 만날수록 더 좋은 네트워커가 될 수 있다는 것이다.

아마추어는 자기를 위해서 인맥을 형성한다. 하지만 프로는 진정 타인을 위해 할 수 있는 일이 무엇인지 발견하고 공동의 발전을 위한 네트워크를 만든다. 이것이 아마추어와 프로의 차이라고 할 수 있다.

타인을 먼저 생각하고 배려하고 위하는 네트워크는 좋은 네트워크이다. 이러한 네트워킹을 많이 하면 할수록 40대 이후의 인생은 더욱 더 풍요롭고 다채롭고 유익한 것들을 많이 얻게 된다. 진실한 네트워킹의 핵심은 다른 사람을 위하는 것이다.

좋은 네트워킹을 만들기 위해서 꼭 알고 있어야 하고 실천해야만 하는 비결 몇 가지만 소개해보면 다음과 같다.

첫째, 먼저 베풀어야 한다.

먼저 주고, 먼저 칭찬하고, 먼저 인사하고, 먼저 대접하고, 먼저 봉사하고, 먼저 섬기라는 것이다.

둘째, 다른 사람을 위해 할 수 있는 일을 발견하고 실천하는 것이다.

좋은 네트워킹을 만드는 요체는 바로 자기를 위하는 것이 아니라 타인을 위한다는 것이다.

셋째, 모든 사람을 동등하게 대하라는 것이다.

인간관계를 잘 형성하는 사람은 생각이 깊고 멀리 내다볼 줄 아는 사람이다. 이런 사람은 분노를 잘 참아낸다. 먼 훗날 자신의 경솔한 행동이 어떤 비극을 초래할 것인지를 미리 생각하고 그 결과를 내다볼 수 있는 사람이다. 그래서 자신을 언제나 낮출 줄 알며 사소한 것에 흥분하지 않고 경솔한 행동을 하지 않는 것이다. 이러한 사려 깊음은 저절로 생겨나거나 타고나는 것이 아니다.

그것은 참된 공부를 통해서 생각이 깊어지고 멀리 내다볼 수 있는 눈을 습득할 수 있는 것이다. 공부하는 사람은 생각이 깊고 경솔하지 않고 쉽게 교만해지지 않는다. 공부를 하면 할수록 자신의 무지를 더욱 더 절실하게 깨닫기 때문이다. 이러한 겸손과 사려 깊음의 자세는 다른 모든 사람들이 좋아할 수 있는 기본 자질인 것이다. 그래서 공부하는 사람들 주위에는 사람들이 모이게 되어 있는 것이다.

>> 적응력(適應力)

사람은 살아가면서 수없이 다양한 상황과 환경에 노출됩니다. 학창시절을 비롯하여 사회에 나와서도 마찬가지입니다. 인간은 생을 마감하는 순간까지 매일 새로운 환경을 접해야 합니다. 변화되는 환경에 신속히 맞출 수 있도록 적응력을 기르세요. 생각의 유연성을 가지세요. 매번 찾아오는 새로운 상황에 적응하지 못한다면 이내 뒤처질 것입니다. 빠른 변화에 불평하기보다 먼저 마음을 열고 새로운 환경을 받아들이기로 마음 먹는다면 어떤 상황에서도 적응할 수 있을 것입니다.

– 「나를 위한 하루 선물」 중에서

공부하는 사람이
더 건강하고 더 오래 산다

　인간의 평균수명이 불과 백 년 전에 비해 2배 가까이 늘어났다. 이것은 정말 놀라운 일이 아닐 수 없다. 그 이유를 의학기술의 발달과 전반적인 위생관리라고 말할 수 있다. 또 풍요로운 식사와 영양가 높은 음식들 때문이라고 말할 수도 있다. 혹자는 문명의 발달로 재미있는 것이 많아져서 죽기가 아까워서 수명이 늘어났다고 우스갯소리를 하기도 하지만 완전히 엉터리 같은 소리는 아닐 것이다. 하지만 우리가 한 가지 간과하는 이유가 있다. 그것은 바로 '공부'이다.

　공부하는 사람은 공부하지 않는 사람보다 훨씬 더 오래 살 수 있을 뿐만 아니라 건강하게 살 수 있다. 왜냐하면 공부를 통해 새로운 분야에 대하여 새로운 지적 충족을 누리고, 새로운 지적 세계로 나아가면서 우리의 몸과 마음은 한층 더 젊어지고 건강해지기 때문이다.

　이러한 사실을 입증하는 많은 과학적 연구 결과들이 발표되고 있다.

그중에서도 재미있고 흥미로운 사례들을 살펴보자.

치매에 걸리지 않고 장수하는 사람들은 한 가지 공통점이 있다고 한다. 그 공통점은 바로, 언제나 바쁘게 움직이고 끊임없이 머리를 사용하는 습관을 가지고 있다는 점이다. 뿐만 아니라 공부를 지속적으로 하는 사람일수록 치매로 인한 치명적인 피해를 줄일 수 있다는 매우 놀라운 연구 결과가 있다.

101세로 세상을 떠난 메리 수녀의 부검 연구 결과이다. 그녀는 101세로 세상을 떠날 때까지 정상적인 인지능력을 유지했지만, 부검 결과 그녀는 놀랍게도 알츠하이머병에 걸려 있었다는 사실이 밝혀졌다. 이 결과에 대해 전문가들은 비록 알츠하이머에 걸리더라도 지속적으로 부지런히 머리를 사용하는 활동, 즉 공부와 같은 지적 활동을 꾸준히 해오면 정상적인 인지기능을 평생 유지할 수 있다는 사실을 입증하는 사례라고 발표했다. 다시 말해 공부하는 사람에게는 알츠하이머 병이 영향을 줄 수 없다는 것이다. 이러한 병에 의한 영향도 거뜬하게 이겨낼 수 있는 것이 공부의 위력이다.

뿐만 아니라 심각한 뇌 손상을 입었다 해도 공부를 지속적으로 하는 사람은 정상적으로 지적, 정신적 활동을 할 수 있다는 연구 결과도 있다. 하바드대학교의 의대 연구팀은 103세까지 건강하게 살았던 어느 노인의 뇌를 검사해보았다. 그 노인은 완벽할 정도로 건강하게 정신적으로 지적으로 활동을 했던 사람이다. 그런데 그 노인의 뇌에서 놀라운 사실이 발견되었다. 그 노인의 뇌가 심각한 손상을 입었던 것으로 밝혀졌기 때문이다. 어떻게 해서 이렇게 심각한 뇌 손상을 가지고 있었음에도 불구하고, 이 노인은 죽기 직전까지 거의 완벽하게 건강한 생활과 정신활동을 할 수 있었던 것일까?

그 이유로 주목 받았던 것은 바로 평생 동안 그 노인이 했던 공부였다. 그 노인은 생전에 과학 분야의 책을 열심히 읽었고 그 분야의 공부를 죽을때까지 하였다. 뿐만 아니라 플루트라는 악기도 연주해왔다고 한다. 이러한 복잡한 정신활동을 해왔기 때문에, 심각한 뇌 손상에도 불구하고 정상적인 건강한 생활과 정신활동을 할 수 있었던 것이다.

필자는 단언한다. 공부는 우리를 건강하게 하고 강하게 만든다. 좀 더 나아가서 우리를 장수하게 만든다. 인류의 평균수명이 40세도 되지 않았던 시대에 공부를 평생 했던 과학자나 예술가들의 평균수명은 73세라는 점을 우리는 간과해서는 안 된다.

조선의 명재상이었던 황희 정승은 그 당시 사람들의 평균수명에 비해 엄청난 장수를 누렸던 인물이다. 그는 90세 가까이 살았는데, 그가 그토록 긴 수명을 누릴 수 있었던 이유는 바로 공부라고 말할 수 있다. 동방의 주자로 불리는 퇴계 이황도 70세 가까이 살았고, 다산 정약용도 70세 이상을 살았다. 한국사에서 19세기 최고의 인물로 꼽히는 인물 중 한 명인 추사 김정희도 역시 70세 이상을 살았다. 그리고 이 땅의 수많은 어린이들을 천연두의 위협에서 구해낸 지석영은 80세 이상을 살았다. 『열하일기』『연암집』『허생전』 등을 쓴 조선후기 실학자 겸 소설가인 박지원 역시 당시 평균수명을 훨씬 초과하는 70세 가까이 살았던 인물이다. 전 세계 최고 경영자들이 가장 존경하는 인물이며, 현대 경영학의 창시자요 아버지라고 불리는 피터 드러커 박사는 95세까지 왕성한 활동을 하였다.

공부를 한다는 것은 우리의 뇌를 지속적으로 활성화시키고 활동을 하게 만드는 것이라고 할 수 있다. 인간의 노화를 일으키는 요인에는 여러 가지가 있지만 뇌를 지속적으로 활성화시키면서 항상 새로운 것을 배우고 공부하는 사람들은 노화가 더디게 된다는 것이 연구 결과에 의해 밝혀졌다.

>> 자신을 신뢰하라

타인에 대한 불신보다 위험한 것은, 자기 자신에 대한 불신입니다. 자신을 믿지 못하는 사람은 어떤 것도 이룰 수 없습니다. 어려움 때문에 패배하는 것 보다 자신을 신뢰하지 못해 실패하는 경우가 더 많습니다. 먼저 자기 자신을 믿으세요. 자신에 대한 확신을 가지세요. 진정한 재능이란 강한 확신으로 자신의 잠재능력을 최대한 끌어내는 능력입니다. 당신은 분명 무엇이든 할 수 있는 무한한 잠재력을 가지고 있습니다. '어려움이 있지만 나는 충분히 이겨낼 수 있어'라고 말하세요. 자신에 대한 굳건한 믿음과 신뢰가 어떤 역경도 이겨낼 수 있는 가장 큰 힘입니다.

– 「나를 위한 하루 선물」 중에서

공부하는 자만이 부를 창출할 수 있다

　가난한 사람들은 부자들보다 훨씬 더 바쁘고 훨씬 더 고달픈 삶을 살아간다. 너무나 열심히 일을 함에도 불구하고 그들은 언제나 늘 가난하다. 그 이유는 무엇일까?

　우리는 학창시절에 열심히 공부해서 좋은 대학에 진학을 하면 평생 잘 먹고 잘 살 수 있을 것이라고 생각하는 경향이 있다. 하지만 부자들은 평생 공부를 한다는 사실을 알고 있는가?

　여기서 공부란 영어 단어 하나 더 암기하고 토익(TOEIC) 점수를 더 향상시키고 자격증을 하나 더 따는 것을 말하지 않는다. 필자가 말하는 공부는 인간의 삶과 세상의 원리를 통찰할 수 있는 참된 공부를 말한다. 즉 자신의 인생과 삶을 성찰해볼 수 있도록 도와주는 공부를 할 때, 보다 더 인간답게 보다 더 풍요롭게 보다 더 행복하게 살아갈 수 있도록 조력해준다는 것이다.

"여러분은 이제껏 속아왔습니다. 부자들은 인문학을 배웁니다."

『희망의 인문학』의 저자 얼 쇼리스의 말이다. 부자들은 인간의 삶을 성찰할 수 있는 인문학을 배우고 공부한다.

얼 쇼리스는 노숙자들과 빈민들, 죄수들에게 돈벌이를 당장 할 수 있는 직업 훈련이나 당장 굶주린 배를 채울 수 있는 빵과 우유를 주는 것 대신에 그들에게 인문학을 가르쳤다. 그 결과 노숙자들과 빈민들과 죄수들이 자신의 인생에 대해 성찰할 수 있는 힘을 얻게 되었고, 궁극적으로 그들은 이전과 달리 인격체로 사람답게 살아가기 위해 변화되어가는 모습을 볼 수 있었다.

인문학을 배운 그들은 자신의 삶을 성찰하고 보다 가치 있는 삶이 무엇이며 어떻게 살아가야 할 것인지에 대한 통찰과 깨달음을 얻게 되었던 것이다. 그 결과 그들은 정신적으로 풍요롭고 자유로운 삶을 살 수 있게 되었고, 그러한 특징들이 결국에는 물질적인 풍요와 경제적 자유로 이어지게 되었다.

'진짜 가난한 사람은 정신적으로 빈곤한 사람이다.'

공부하는 사람만이 참된 부를 창출해낼 수 있다. 그리고 부를 창출해내는 것보다 더 중요한 것은 인간답게 살아가는 것이다.

"세상에 태어나 학문을 하지 않으면 사람답게 될 수 없다."

조선시대의 대학자 율곡 이이의 말이다. 그의 말처럼 세상에 태어나 공부하지 않고도 사람답게 살아갈 수 있다고 생각하여 공부의 끈을 놓았다면 그것은 매우 큰 오산이다.

옛 말에 "문리(文理)가 트여야 성공할 수 있다"라는 말이 있다. 즉 사물의 이치를 깨달아 아는 힘이 생겨야 성공도 할 수 있고 리더가 될 수도 있다는 말이다. 여기서 말하는 '사물의 이치를 깨달아 아는 힘'이 생기기 위해서는 사람과 사물, 세상에 대한 이치를 탐구하고 성찰하고 고찰하는 공부를 해야 한다. 그래서 공부를 하는 사람은 그만큼 더 성공할 공산이 큰 것이다.

>> 나를 정의하는 것

지금 현재 당신은 어떤 생각을 하고 있습니까? 최근에 당신의 머릿속을 꽉 채운 그 생각은 무엇인가요? 생각은 원인입니다. 생각은 반드시 어떠한 결과물을 만들어 냅니다. 생각은 당신의 내면을 지배하고 당신에게 어떠한 행동을 일으키도록 유도합니다. 현재의 당신은, 과거의 당신이 반복적으로 한 생각이 만들어 낸 창조물입니다. 지금 당신이 하고 있는 생각은 가까운 미래에 또 다시 새로운 당신을 창조할 것입니다.

– 「나를 위한 하루 선물」 중에서

공부하는 사람은 진정 행복한 사람이다

『몰입의 즐거움(Finding Flow)』의 저자 미하이 칙센트미하이는 몰입하는 것이 얼마나 삶의 질을 높이고 행복하게 하는지에 대해 잘 설명해준다.

'삶을 훌륭하게 가꾸어주는 것은 행복감이 아니라 깊이 빠져드는 몰입의 경험이다.'

그러한 몰입의 경험에 대해 구체적으로 살펴보면, 몰입해 있을 때 바로 그 순간의 우리는 행복하지 않을 수도 있지만, 그러한 몰입을 경험한 이후에 찾아오는 만족감과 행복감은 이 세상의 그 어떤 행복보다 더 귀한 행복감이라고 말한다. 그 이유는 타인이나 다른 조건이나 물질적인 것에 의해 주어지는 행복이 아니라, 자기 스스로의 힘으로 창

212

출해내고 만든 것이어서 더욱 더 가치 있을 뿐만 아니라 우리의 의식을 그만큼 더 고양시키고 성숙시키고 향상시키기 때문이라는 것이다.

미하이 칙센트미하이는 몰입을 자주 하는 사람들이 그렇지 못한 사람보다 훨씬 더 행복한 삶을 누리며 살고 있을 것이라고 확신한다. 그래서 몰입의 경험이 많은 사람일수록 삶에 만족하며 행복하게 살고 있을 뿐만 아니라 무엇보다도 의식을 그만큼 더 고양시키고 성숙시킨다는 사실을 자신의 연구를 통해 밝혀냈다.

그의 주장에 따르면, 책을 보며 공부를 하는 사람들은 수동적으로 TV를 시청하는 사람들보다 행복한 시간을 맛볼 수 있다는 것이다. 뿐만 아니라 수동적으로 TV를 시청하게 되면 자신의 의식을 더 고양시키지 못하고 성숙시키지 못하기에 바보상자라는 말이 생긴 것이라고 한다. 즉 TV 시청으로 시간을 소일하며 보내는 사람은 대부분 일상 속에서 몰입 경험이 적어서 행복을 경험하는 횟수가 적다고 한다. 반면 책을 많이 읽고 자신의 수준에 적합한 공부를 찾아서 하는 사람일수록 몰입 경험이 높아서 삶에서 더 큰 만족과 행복을 느끼는 사람들이라는 것이다.

우리가 살고 있는 대한민국은 과거 6, 70년대에 비해서 물질적으로 풍요롭고 재미있는 이기들이 많이 생겨났다. 한 마디로 그때에 비해 살기 좋아진 것이라고 많은 사람들이 생각한다. 하지만 젊은 주부들이 우울증으로 자살을 하는 경우가 그 당시보다도 많아졌다. 또한 청소년들의 자살률은 OECD 국가 중에서 최고이다. 이혼율도 세계 최고라고 말할 수 있다.

동방예의지국이었던 우리나라가 왜? 이렇게까지 되었을까? 경제 성장은 눈부시다. 하지만 이혼율, 자살률은 세계 최고 수준으로 높은 나라이다. 왜일까?

그것은 자신의 힘으로 공부를 하고자 하는 사람들이 줄어들었기 때문이다. 수동적으로 멍청하게 앉거나 누워서 눈으로 보고, 들어오는 시청각에 반응만 하는 바보를 만들기만 하는 문명의 이기에 너무 집착하는 사람들이 많아졌기 때문이다.

찾아서 공부하며, 생각하며, 고민하며, 필기하며, 활동하며, 몰입할 수 있는 경험과 기회를 TV 시청과 같이 수동적으로 재미와 지식을 전해주는 것들에게 빼앗겼기 때문이라고 말할 수 있다.

대한민국은 지금 망각증 환자들이 너무 많다. 대한민국은 예로부터 흥이 많은 민족이었다. 기쁘고 흥에 겨울 때마다 그 흥을 노래로 표현했다. 슬프고 힘이 들때마다 노래로써 극복했다. 하지만 지금은 노래방 기계에 의존하지 않으면 몇 소절도 기억하지 못한다. 자신의 노력에 의한 지식이 아니라, 문명의 이기에 의한 주입식의 지식이기 때문이다. 결국 스스로 공부하지 않았기 때문에 생긴 현상인 것이다.

공부를 통해 큰 기쁨을 맛보고 공부를 통해 행복을 누린 공자는 다음과 같이 말했다.

"學而時習之 不亦說乎."
"배우고 때때로 익히면 또한 기쁘지 아니한가."

즉 공부하는 사람들에게 공부는 그 자체가 기쁨이 될 수 있다는 말이다. 특히 인생의 산전수전을 다 겪어본 사람들이 다시 시작하는 공부는 그들만의 특권이요, 기쁨이요, 즐거움이 되고도 남을 것이다.

40대 공부하는 사람들은 이미 너무나 행복한 사람들임에 틀림없다. 공부에 다시 한 번 미쳐보자.

≫ 실수를 과장하지 마라

사람들은 자주 실제보다 자신의 실수나 혹은 위협적인 상황을 과장하여 생각합니다. 그러한 생각은 꼬리에 꼬리를 물며 점점 더 확대되어 어느 순간 하나의 의견에서 사실이 되어버립니다. 하지만 돌이켜 생각해보면 이미 우리는 수없이 많은 실수와 실패를 거듭하며 살아 왔습니다. 그럼에도 불구하고 우리는 여전히 잘 살아가고 있습니다. 한 번의 기회만으로 성공할 수 없듯이, 한 번의 실수나 실패로 인생이 무너지는 그런 일은 없습니다. 실수를 과장하지 마세요. 있는 그대로 바라보세요. 실수는 그저 한 번의 실수일 뿐 그 이상도 그 이하도 아닙니다.

- 『나를 위한 하루 선물』 중에서

공부하는 사람이 진정한
인생의 의미와 가치를 발견할 수 있다

빅터 프랭클 박사는 인간이 살아가는 데 가장 큰 힘이 되는 것은 바로 '의미를 부여 할 줄 아는 힘'이라고 했다.

"인간은 궁극적으로 왜 살아야 하는가를 묻기보다는, 자신의 삶에 스스로 의미를 부여할 줄 알아야 한다."

우리는 스스로 우리의 삶에 진정한 의미와 가치를 부여할 줄 아는 사람이 되어야 한다. 그런데 문제는 자신의 삶에 스스로 의미와 가치를 제대로 부여하고 발견하기 위해서는 폭 넓은 사고와 경험이 필요하다. 40대라면 인생의 경험은 어느 정도 있지만, 문제는 고정된 사고 방식의 틀에 갇혀서 폭 넓은 사고를 할 수 없다는 것이다. 이러한 고정된 사고방식의 틀을 과감하게 깨부수고 사고를 넓혀야만 진정한 인생의 의미와 가치를 발견할 수 있다. 그래서 우리는 경험의 토대 위에서 새로운 지식과 폭 넓은 사고를 쌓아갈 수 있는 40대 공부를 해야 하는 것이다.

우리가 삶의 의미와 가치를 발견하고 부여하기 위해 노력해야 하는 이유는 이러한 활동이 우리의 마음과 정신을 풍요롭게 해줄 뿐만 아니라 상처와 아픔까지도 치유해주기 때문이다. 그리고 이러한 것들이 모여 인생을 풍요롭게 해주고 가치 있고 의미 있는 인생을 살아갈 수 있게 조력해주기 때문이다.

베스트셀러 『죽음의 수용소에서』의 저자 빅터 프랭클 박사는 실존 분석적 정신요법인 '의미요법'을 창시하여 많은 사람들로 하여금 삶의 의미를 찾고 발견할 수 있도록 많은 도움을 주었다.

'삶의 이유를 찾은 사람은 어떤 식으로든 어려움을 견뎌낸다.'

1885년 2월, 당시 69세였던 독일의 수상인 오토 폰 비스마르크는 제국의회에서 다음과 같은 말을 남겼다.

"나는 내가 사는 한 배운다. 나는 오늘도 배우고 있다."

그는 왜 70의 나이가 다 되어가는 데도 날마다 배우는 것일까? 그것은 바로 공부와 배움을 통해서 인생의 의미와 가치를 발견할 수 있기 때문이다.

우리는 살아 있는 한 나이가 많든 적든, 돈이 많든 적든, 자신이 처한 환경이 어떻든지 불문하고 배움을 멈추어서는 안 된다. 공부를 멈춘다는 것은 나의 삶에 아무런 목표나 이상이 없는 상태로 이미 정신적인 죽음인 것이다.

공부를 하지 않고 인생의 참된 의미와 가치를 찾을 수 있다고 말하는 사람이 있다면, 그 사람은 마치 바다에 배를 띄우지 않고도 항해를 할 수 있다고 말하는 사람과 별반 차이가 없는 사람이다. 왜냐하면 항해가 바다에 배를 띄우고 바다를 헤쳐 나가는 것을 말하듯이, 인생을 살아간다는 것은 바로 배운다는 것, 즉 공부한다는 것을 의미하기 때문이다. 인생이란 끊임없는 성장이고 발전인 것이다.

인간은 공부를 통해 얼마든지 사고가 확장되고 인격이 성숙될 수 있는 존재라는 점을 우리는 반드시 알아야 한다. 그러기에 우리는 인생의 의미와 가치를 발견해야 하는 것이다. 바로 공부를 통해서 그것이 가능하다.

>> 반복적인 말의 힘

반복적인 말은 잠재의식 속에 신념을 형성 시킵니다. 원하는 것이 있거든 이미 이루어졌다고, 이미 소유하였다고 말하세요. 실제로 이루어졌다고 느껴질 때까지 반복적으로 말하세요. 매일 규칙적으로 한다면 더욱 효과적입니다. 당신의 말은 언젠가 반드시 현실이 될 것입니다. 원하는 것을 말하고 또 말하세요.
- 「나를 위한 하루 선물」 중에서

공부는 지금까지의 자신을
뛰어넘을 수 있게 해준다

오스트리아의 신경과 의사이며 정신분석학의 창시자인 지그문트 프로이트는 "인간은 그들이 강하다고 생각하는 것만큼 강하며, 그들이 약하다고 생각하는 것만큼 약하다."라고 말한 바 있다.

그의 말을 잘 생각해 보면, 인간을 강하게 만드는 것도 자신이며 약하게 만드는 것 또한 바로 자기 자신이라는 사실을 알게 된다.

그렇다면 지금까지의 자신이 어떠한 상태로 어떠한 삶을 살았던지, 그것보다 더 나은 삶과 상태로 우리는 변화시킬 수도 있고, 정반대로 더 못한 삶과 상태로 살아갈수도 있다는 것이다.

"우리는 어제보다 더 나은 오늘을 살아갈 수 있으며, 또한 정반대의 삶을 살아갈 수도 있다. 그것은 오롯이 자기 자신한테 달려 있다."

우리는 지금까지의 삶과 자신의 모습이 어떠한 것이든 상관없이 그 자신을 또한 뛰어넘을 수 있다. 이 세상에는 여러 종류의 사람들이 살 아가고 있지만, 크게는 두 가지의 삶으로 분류해 볼 수 있다.

첫 번째 부류의 사람들은 어제보다 못한 오늘을 살아가는 사람들 이다.

이런 부류의 사람들은 더 이상 발전이 없다. 이런 부류의 사람들이 쉽게 범하는 오류 중 하나는 자기 자신에게는 남들만큼의 재능이 없다 고 생각해버리는 것이다. 그래서 자신이 성공하지 못하는 이유가 재능 이 없기 때문에 또는 해도 안 된다는 사실을 스스로 너무 맹신한 나머 지 노력을 해도 안 될 것이 뻔하다고 생각하는 것이다.

두 번째 부류의 사람들은 어제보다 나은 오늘을 살아가고 오늘보다 나은 내일을 살아가는 사람들이다.

이러한 부류의 사람들은 성공의 이유를 재능에 두지 않고 자신의 성장에 둔다. 자신이 노력하는 만큼 자신이 성장 가능하며 그러한 성 장은 바로 성공으로 직결된다는 믿음을 가지고 있는 사람들이다. 그래 서 이러한 부류의 사람들은 언제나 어제보다 나은 오늘을 살아가며 또 오늘보다 나은 내일을 살아갈 수 있는 것이다.

성공한 사람들과 실패한 사람들의 차이는 바로 이것이다. 실패한 사람들은 성공의 이유와 조건을 오직 재능이나 행운이라고 생각하지 만, 성공한 사람들은 성공의 이유와 조건을 자신을 뛰어넘을 만큼 자신을 부단히 성장시키는 것이라고 생각한다. 그래서 전자는 자신을 영원히 뛰어넘지 못하지만, 후자는 자신을 뛰어넘기 위해 열심히 노력하며 결국에는 자신을 넘어서는 경지에 도달하게 된다.

자신을 뛰어넘을 수 있도록 해주는 것이 바로 공부이다. 한국 사회의 병폐 중 하나는 공부를 해서 자격증을 따거나 의사나 변호사가 되거나 국가고시에 합격을 하거나 명문대 졸업장을 가지게 되거나 좋은 직장이나 좋은 직업을 취득하게 되면, 그것이 바로 공부의 최대의 목적이며 성과라고 생각한다는 것이다.

한국 사회에서 말하는 공부는 좋은 학교에 들어갈 수 있는 좋은 성적을 만드는 것이고, 좋은 직장과 좋은 직업을 가질 수 있는 졸업장이나 자격증을 획득하는 것으로 국한시키기 때문에, 공부를 많이 한 엘리트라고 해서 그들이 더 인격적이고 더 겸허하고 더 겸손하다고 말할 수 없다. 이를테면 의사·변호사·검사·교수 등의 삶이 다른 사람들에 비해, 더 고결하다거나 더 인격적이라고 확신을 가지고 말할 수 없게 되었다는 것이다.

하지만 참된 공부는 자신을 성찰하고 자신을 변화시켜 자신을 뛰어넘게 만든다. 그런 까닭에 참된 공부를 하는 사람은 이전보다 더 인격적이고 더 겸손하고 더 겸허한 사람이 된다. 결국 그러한 공부를 한 사람이 존경받고 사랑받는 것이다.

편안하고 익숙한 것들과 결별하라

우리를 늙게 만들고 망하게 하는 것은 다름 아닌 편안한 삶이고 익숙한 삶이다. 우리의 삶이 재미가 없고 활력이 없고 살 맛이 나지 않는 것은 너무 편하게 살고 있기 때문이다. 편안한 삶만 추구하다 보면 눈에 총기가 없어지고 결국 노인네가 되고 만다.

바다에서 잡은 정어리를 서울까지 운반할 때, 정어리들만 통 속에 넣어서 올라오면 아무리 짧은 시간이지만 정어리들은 거의 다 죽어 있거나 비실비실 힘이 빠져 있다고 한다. 하지만 이 통 속에 정어리의 천적인 바다메기 한 마리를 함께 넣어서 서울까지 운반하게 되면, 정어리들이 싱싱하게 살아서 활동하면서 헤엄쳐 다니고 있을 뿐 아니라 아주 맛도 좋아진다는 것이다.

이러한 현상이 발생하는 것은 바로 천적인 메기 때문에 편하게 쉴

수가 없어서라는 것이다. 그래서 죽기 살기로 계속 천적을 피해 도망가야 하기 때문에 정어리의 몸과 정신이 강해질 수밖에 없다는 것이다.

인간도 마찬가지이다. 너무 편하고 익숙한 것들만 계속 하다 보면 우리의 몸과 마음도 약골이 되어서 나중에는 아무것도 할 수 없는 존재가 되고 만다. 그래서 우리는 한번도 배워보지 못한 것을 배운다든지, 한 번도 시도하지 않은 것에 도전해보는 자세가 반드시 필요한 것이다.

한 번도 대중 앞에서 연설을 해보지 않은 사람이라면 6개월 이내에 대중 앞에서 연설을 하는 것을 목표로 삼고 도전해보는 것도 매우 유익하다. 한 번도 스쿠버다이빙을 해보지 않은 사람이라면 스쿠버다이빙에 도전을 해봄으로써 용기와 모험심을 길러보는 것도 좋다.

도전을 해보는 사람의 인생은 항상 활력과 생기가 넘치므로 앞으로 만날 인생의 시련과 역경에 누구보다도 더 잘 이겨낼 수 있다. 편하고 익숙한 것과의 결별은 우리가 좀 더 건강해지고 좀 더 나은 삶을 살아갈 수 있는 방법이다.

어색함과 불편함을 즐겨보자. 지금까지는 한 번도 나가보지 않았던 사교 모임에도 나가보자. 지금까지는 한 번도 해보지 않았던 일에 도전해보자. 그것이 우리 인생을 보다 더 충만하게 만들어줄 것이다.

지금까지 별 문제 없이 해오던 일만 앞으로도 계속 하고자 한다면 지금까지의 삶과 별반 달라지지 않을 것이다. 처음엔 어색하고 불편하겠지만, 자기가 한 번도 해보지 않았던 일을 두려워하지 말고 즐길 수 있어야 한다. 사람의 능력이나 진가는 편안하고 익숙한 삶에서는 드러나지 않는다. 불편하고 어색하고 심지어 위기 상황일 때 극명하게 드러나는 법이다. 즉 척박한 환경에서 그 사람의 숨은 능력과 재능이 발견되고 발휘되는 것이다. 이러한 점을 『한서(漢書)』에는 다음과 같이 기록하고 있다.

"배가 뒤집혔을 때 그 사람의 수영 솜씨를 알 수 있고, 말이 달릴 때라야 그 사람의 말 다루는 솜씨를 알 수 있다."

편안하고 익숙한 삶 속에서는 능력이나 진가를 제대로 발휘할 수도 없고 알기도 쉽지 않다는 말이다. 배가 뒤집히는 불편하고 어색하고 위험한 상황이 되어야 그 사람이 수영을 잘하는 사람인지 돌멩이인지 제대로 알 수 있다는 것이다.

하지만 우리는 천성적으로 편안하고 익숙한 것들만을 좋아하는 특성이 있다. 그래서 웬만해선 편안하고 익숙한 삶을 포기하려고 하지 않는다. 나태하고 게으른 삶에는 어떠한 성장도 발전도 희망도 없는데도 말이다.

집중력을 높이는 7가지 포인트

1. 집중할 시간을 만든다
매주 일정한 시간을 따로 떼어놓고 이 시간을 거룩하게 여기자. 본인뿐
만 아니라 주변 사람들 역시 고정된 시간에 공부하고 생각하는 것을 존
중해주도록 하자. 이 시간이 정기적인 일정이 되면, 매번 공부할 결심을
따로 할 필요가 없다.

2. 아침식사는 꼭 해야 한다
아침식사는 사람의 두뇌활동을 왕성하게 할 수 있도록 도와주는 원동력
이 된다. 아침식사를 하지 않으면 아무리 노력해서 집중력을 높이려 해
도 영양적인 부분에서 몸속 에너지를 발휘할 수 없게 된다.

3. 규칙적인 생활습관을 키운다
집중력의 기본은 규칙적인 생활이다. 집중력을 키우고 싶다면 일어나는
시간이나 잠자는 시간, 식사시간까지도 엄격하게 지키도록 하는 것이
좋다. 또한 노는 시간과 공부하는 시간도 엄격히 관리해야 한다. 노는 시
간과 공부하는 시간의 개념이 없으면 집중력이 생길 수 없고 놀 생각만
떠오르게 된다.

4. 휴식 시간을 지킨다
같은 일을 반복하다 보면 뇌에 자극이 적어지고 무뎌지면서 결국에는

효율이 떨어지게 된다. 우리의 에너지를 경제적으로 쓰기 위해서는 휴식이 필요하다. 이러한 경우에는 휴식을 짧게 자주 쉬는 것도 좋으며 때로는 여행이나 스포츠 등을 통해 신선한 자극을 주는 것이 도움을 줄 수 있다.

5. TV를 멀리하자

TV를 보는 것은 공부에 전혀 도움이 되지도 않고 집중력을 높이는 데도 방해가 될 뿐이다. TV를 보는 것은 휴식을 하는 것이 아니라 하나의 노동시간을 보내는 꼴이 되는데 왜냐하면 TV를 볼 때면 아무리 하찮은 프로그램이라고 하더라도 신경을 곤두세우고 보게 되기 때문이다. 그리고 공부를 시작할 때도 한동안은 TV 영상이 머리에 남아 맴돌아서 집중력을 높일 수 없다.

6. 충분한 수면을 취한다

다양한 집중력과 수면과의 상관관계를 연구한 결과 충분한 시간의 질좋은 수면이 집중력을 증진시키는 것으로 나타났다. 개인의 체질이나 사정에 따라 다를 수 있지만 수면의 양적인 기준 뿐만 아니라 질적인 측면도 고려해서 스스로에게 맞도록 충분한 수면을 취하는 것이 좋다.

7. 자세를 바르게 유지한다

보통 앉아서 공부를 하는 경우가 많은데 이때 허리를 곧게 펴고, 턱을 가슴 쪽으로 끌어당기듯이 바른 자세를 유지하는 것이 집중력에 도움을 준다. 또한 안구운동이나 가벼운 스트레칭 등이 자극을 주어 집중력 향상에 좋다.

5장
40대, 인생을 걸고 도전하고 공부하라

시도했던 모든 것이 물거품이 되었더라도 그것은 또 하나의
전진이기 때문에 나는 용기를 잃지 않는다.

– 토머스 에디슨

40대 공부야말로
인생을 즐길 수 있게 해준다

우리는 실패와 시련을 온몸으로 받아들이며 긍정적으로 현실을 바라볼 수 있는 생각을 할 수 있어야 한다. 실패와 시련을 즐길 줄 아는 사람에게 더 큰 성공과 발전이 있는 것은 당연한 일이다.

어떠한 실패도 하지 않는 사람은 결국 어떠한 도전도 어떠한 위험도 감수하지 않고 무사안일주의로 인생을 허비한 사람에 불과하다. 이런 사람에게 미래는 없다. 하지만 수많은 실수와 실패와 시련을 경험하면서 끝까지 도전하는 사람은 이미 그 자체가 위대한 삶이라고 할수 있다. 위대한 사람일수록 큰 실패와 시련 앞에서 요동치지 않고 좌절하지 않고 의연할 수 있다.

우리는 공부를 통해 끊임없이 자신을 성장시키고 자신을 넘어설 수있게 된다. 그리하여 실패와 시련을 두려워하지 않고 즐길 수 있는 용기와 담대함과 비범함을 배울 수 있다.

『플립사이드(Flipside)』의 저자 아담 J. 잭슨은 인간은 시련에 대처하는 방식에 의해 삶의 모습이 결정된다고 역설한다.

모든 시련과 고난은 또한 큰 기회라는 선물을 내포하고 있으므로 시련과 역경을 만났을 때 우리의 선택과 대응 방식을 스스로 잘 선택해야 한다는 것이다.

"시련과 역경을 만나면 우리는 두 가지 중 하나를 선택해야 한다. 절망과 낙심으로 점철된 패배자로 살 것인지, 그 시련 속에 숨겨진 커다란 성장의 기회를 찾아내어 도전하여 승리자로 살 것인지를."

위대한 인생을 살았던 사람들은 모두 고통과 불행, 실패와 시련을 잘 극복할 수 있었기에 그토록 찬란한 인생을 살 수 있었다. 고통과 불행, 실패와 시련은 큰 성공을 할 수 있는 사람이 될 수 있도록 만들어 주는 하나의 도구라고 할 수 있다. 왜냐하면 실패와 시련, 고통과 불행을 통해 사람은 성장하고 그 사람의 진가가 드러나기 때문이다. 그 사람의 진가가 세상에 드러날 때 세상은 그 사람에게 그 진가만큼 성공할 수 있도록 길을 열어준다. 이러한 사실을 맹자는 다음과 같이 말하고 있다.

"하늘이 어떤 사람에게 큰 임무를 내릴 때에는 반드시 먼저 그의 마음과 뜻을 고통스럽게 하고, 그의 힘줄과 뼈를 피곤에 지치게 하며, 그의 육신과 살갗을 굶주림에 시달리게 하고, 그의 몸에 아무것도 남아 있지 않게끔 한다. 그러고는 그가 행하는 일마다 그가 원하던 바와는 완전히 다르게 엉망으로 만들어놓곤 하는데, 그 이유는 그렇게 함으로써 그 사람의 마음을 뒤흔들어놓고 그 사람의 성질을 참고 견디게 하여서 예전에는 해내지 못하던 일을 더욱 잘할 수 있게 해주기 위해서이다."

즉 실패와 시련, 고통과 불행은 그것을 겪은 사람들에게 예전에는 도저히 해내지 못할 큰 일을 해낼 수 있게 도와주는 고마운 도구이며 성장의 기회인 셈이다. 그러므로 두려워하지 말고 즐기려고 하는 마음 자세가 필요하다. 실패와 시련조차도 즐길 줄 아는 대인(大人)이 되면 그때 비로소 성공할 수 있는 자질이 갖추어지는 것이다.

실패(失敗)의 법칙이라는 것이 있다. 이것은 147/805 법칙이라고도 한다. 여기서 147과 805는 각각 발명왕 에디슨이 전기를 개발하기 위해 실패한 횟수인 147과, 라이트 형제가 비행기 개발을 위해 도전하다가 실패한 횟수인 805를 상징하는 숫자이다. 즉 이렇게 많이 실패를 해야 에디슨처럼, 라이트 형제처럼 성공을 할 수 있다는 법칙이다.
이러한 실패의 법칙은 발명에만 적용되는 것이 아니다. 모든 분야에서 적용이 가능한 법칙이다. 그것은 실패하지 않고 성공하는 기업이나 사람은, 땅 속 깊이 뿌리내려진 나무라고 할 수 없으므로 작은 태풍에도 쉽게 나무가 뽑히듯이 작은 시련과 역경에도 쉽게 흔들리고 쓰러질 수 있다는 말과도 통한다.

반면에 수많은 실패를 통해 큰 성공을 이룬 기업이나 사람은, 땅 속 깊이 뿌리를 내린 나무처럼 어떠한 태풍에도 견뎌내듯 큰 시련과 역경에도 흔들리지 않고 성공할 수 있는 것이다.

야구에서 홈런을 가장 많이 친 홈런왕들이 정작 삼진아웃을 가장 많이 당한 삼진아웃왕이라는 사실을 아는가?

그들이 홈런왕이 될 수 있었던 가장 큰 이유는 삼진아웃이라는 실패를 두려워하지 않았기 때문이다. 삼진아웃을 두려워하여 공을 맞추기에 급급한 사람들은 삼진아웃을 적게 당할 수는 있지만 절대 홈런왕이 될 수는 없었을 것이다. 홈런왕들은 좋은 공이라고 판단되면 일단 휘두르고 본다. 아웃이 될지 혹은 홈런이 될지는 일단 휘두르고 나서야 판가름이 나는 일 아니겠는가. 실패가 두려워서 도전과 모험을 하지 않는다면 절대 큰 꿈을 성취해내는 성공을 할 수는 없는 것이다.

"모든 역경, 모든 실패, 모든 고통은 그에 상응하는 수확 또는 그 이상의 수확을 가져올 씨앗을 품고 있다."

부자가 된 사람들은 예외 없이 기꺼이 실패와 위험을 무릅쓸 줄 아는 사람들, 즉 리스크 테이커(Risk taker)들이다.

남들이 용기가 없어서 실패와 위험을 두려워하며 우물쭈물하며 머뭇거리고 있을 때, 부자가 된 사람들은 과감하게 위험을 무릅쓰고 전진한 사람들이다. 이러한 과감함과 용기 앞에 실패와 시련과 위험은 조용히 사라지게 된다.

"크게 실패할 각오를 한 자만이 크게 성공할 수 있다."

실패를 통해 큰 성공의 토대를 마련한 사람들은 무수히 많다.

일본 열도를 놀라게 했던 학사 출신의 노벨상 수상자인 다나카 고이치 역시 이러한 부류의 사람이다. 그는 수없는 실패를 통해 지방 대학의 학사 출신으로 노벨상을 수상하는 큰 업적을 성취해낼 수 있었다.

그가 겪은 첫 번째 실패는 바로 일본의 대기업 소니에 면접을 볼 때, 아주 쉬운 문제인데도 대답을 제대로 못한 자신의 실수 때문에 대기업 취업이라는 목표를 눈앞에 두고 낙방이라는 고배를 마셔야만 했던 것이다. 하지만 그가 만약에 소니에 합격했다면 그 당시에는 성공이었다고 할 수 있겠지만, 노벨상을 수상하는 큰 업적을 성취해내지는 못했을 것이다. 그는 이 취업에 실패를 하면서 허황된 부나 명예나 인기나 지위에 집착하지 않겠다고 결심했다. 그리고 자신의 재능을 발휘할 수 있는 일을 생각했던 것이다.

그는 중소 기업에서 직급에 연연하지 않고 자신의 연구에 몰두하기 위해 진급 시험을 포기하고, 만년 주임으로 자신의 일에 매진했던 것이다. 이러한 마음 자세는 종국에는 그로 하여금 노벨화학상을 수상할 수 있도록 이끌어주었다. 이처럼 현재의 실패가 어떻게 보면 앞으로 생기게 될 엄청난 성공의 토대가 되어줄 고마운 실패일 수도 있다는 점을 우리는 알아야 한다.

워런 버핏도 역시 실패를 통해서 더 큰 성공을 할 수 있게 된 인물이라고 말할 수 있다. 그는 자신이 원하던 대학인 하바드대 경영대학원에 지원했다가 낙방의 고배를 마셨다. 하지만 그는 대학원 낙방이라는 실패가 오히려 그에게 큰 성공을 위한 토대가 되었던 것임을 그는 나중에 깨닫게 된다. 왜냐하면 그는 하바드 경영대학원에 낙방했기 때문에 벤저민 그레이엄이라는 위대한 스승을 만날 수 있는 컬럼비아대학의 MBA 과정에 입학할 수 있었기 때문이다. 벤저민은 20세기 월스트리트의 가장 뛰어난 투자자였으며, 컬럼비아 경영대학원의 교수로 재직하며 워런 버핏이라는 제자를 운명처럼 기다리고 있었던 것이다.

인생의 초반에 큰 실패와 시련을 겪었던 한 여인이 있다. 그녀는 남편과 이혼했으며 수중에 가진 돈은 하나도 없었으며 어린아이가 있었다. 생후 4개월 된 딸과 함께 초라한 방 한 칸에서 2년여 동안 생활 보조금으로 연명하며 살았다. 일자리가 없어 그녀는 인생의 가장 밑바닥을 경험했다. 혼자서 아이를 양육해야 했던 가난한 싱글맘인 그녀는 정부 생활보조금마저 끊어졌다. 아기에게 우유대신 맹물을 먹여야 하기도 했고 설상가상으로 우울증이 생기기도 했다. 우울증으로 인해 자살 충동도 많이 겪게 되었다. 가장 힘든 것은 사랑하는 아이에게 먹일 분유도 살 돈이 없는 서글픈 현실이었다. 그녀는 정말 아무 희망도 없었고 절망의 깊은 나락 속으로 자꾸 빠져들어 갔다. 그래서 자살을 결심하고 실행에 옮기려고 한 그 순간, 아이의 얼굴이 눈에 들어왔다.

삶의 가장 밑바닥을 처절하게 경험하며 인생의 실패와 시련을 온몸으로 겪었지만, 그녀는 이런 것들을 더 이상 두려워하지 않는 사람이 되는 순간이었다.

"이미 모든 것을 잃었는데 더 이상 잃을 게 없는데 뭘 두려워하겠어, 이제 정말 하고 싶은 것을 하는 거야."

최악의 밑바닥 인생조차 두려워하지 않게 되었을 때, 그녀는 새롭게 도전할 용기와 에너지를 발견했던 것이다. 그녀는 '내가 할 수 있는 일이란 것이 오직 글 쓰는 일 뿐' 이라는 사실을 알게 되었다. 그래서 그녀는 아이들이 읽는 동화책을 쓰기로 결심하고 실행에 옮겼다.

바로 이 여성이 세계적인 베스트셀러인 『해리포터 시리즈』의 작가인 조앤 K. 롤링이다. 그녀가 처음부터 순탄하게 해리포터 시리즈로 큰 성공을 거둔 것은 아니었다. 그녀도 처음에는 실패를 했고 거의 대부분의 출판사로부터 출간을 거절당했다. 출판사들로부터 혹평과 거절의 말을 들으면서 1997년 겨우 2,500파운드를 받고 출간한 『해리포터 시리즈』는 이후 200여 나라에 번역 출간되었고 4억 부 이상이 팔리게 되었다.

현재 그녀의 재산은 1조원이 훨씬 넘는다고 한다. 1997년 한 해 동안 매일 약 10억 원씩을 벌었다. 즉 일당이 10억 원이었던 셈이다.

실패와 시련은 이처럼 성공하기 위해서는 반드시 극복해야 할 관문이다. 이러한 것들을 두려워하면 아무것도 할 수가 없게 된다. 시도하지 않으면 그 어떤 것도 우리는 해낼 수 없는 것이다. 실패와 시련도 기꺼이 받아들이고 두려워하지 않을 수 있는 의연함과 담대함과 비범함을 갖춘 사람이 크게 성공할 수 있다. 이러한 의연함과 담대함과 비범함은 그냥 생겨나는 것이 아니다.

세상에 공짜는 없다. 자신의 사고와 생각을 키워야 이러한 것들이 생겨난다. 자신의 사고와 생각을 키우기 위해서는 가장 필요한 것은 자신을 넘어서는 공부를 해야 하는 것이다.

우리가 실패와 시련을 두려워하지 않고 즐겨야 하는 또 다른 이유는 우리 모두는 인생을 살면서 해리포터 시리즈와 같은 성공의 원고를 가지고 있으면서도 겨우 몇 번의 실패로 인해 그 원고를 불태워버리는 사람들이 너무나 많다는 사실 때문이다. 이 세상에서 평범한 삶을 살아가고 있는 대부분의 사람들이 자신의 인생의 원고를 불태워버리고 조용한 절망의 삶을 살아가고 있다. 지금이라도 다시 그 원고를 자신의 내면 깊숙한 곳에서부터 끄집어내어서 다시 도전해보자.

인생 40이면, 청춘이다. 이제부터가 진짜 인생인 것이다.

>> 완벽한 계획은 없다

완벽한 계획을 세우려 하지 마세요. 당신이 아무리 치밀하게 예측하고 분석한다 해도 반드시 빈틈은 생길 것입니다. 완벽한 계획을 세울 때까지 움직이지 않으려 한다면 아무것도 할 수 없을 것입니다. 완벽한 계획은 존재하지 않습니다. 그저 완벽해져 가는 계획이 있을 뿐입니다.

– 「나를 위한 하루 선물」 중에서

성공과 실패는 종이 한 장 차이에 불과하다

성공과 실패는 맞물려 있다고 할 수 있다. 그래서 실패를 많이 한 사람은 결국 성공을 많이 한 사람이기도 하고, 성공을 많이 한 사람은 또 다른 말로 실패를 많이 한 사람이기도 하다.

인생 40대에게는 그 어떠한 성공도 완전한 성공이 아니며, 그 어떠한 실패도 완전한 실패가 아니다. 인생 40대에게는 성공도 성공이라고 할 수 없고, 실패도 실패라고 할 수 없다. 그렇기 때문에 이러한 차이는 종이 한 장 차이라고밖에 말할 수 없다. 오히려 더 많은 성공보다 더 많은 실패가 우리를 단련시키고 성장시킨다는 사실을 믿고 달려가는 나이다. 인생 40대는.

우리는 그토록 인생에서 성공을 하기 위해서 온몸을 불사르며 앞으로 달려나가고 있다. 하지만 성공보다는 실패가 우리를 향해 두 팔 벌리며 맞이할 때가 너무나 많다. 또 우리는 원하던 성공이 아닌 실패를 경험할 때, 쉽게 좌절과 포기를 하게 된다.

하지만 실패라는 것의 속성과 유익함을 알게 되면 실패를 통해 좌절과 포기를 배우는 사람이 아니라 실패를 통해 겸손과 지혜와 인생을 배우는 사람으로 변할 수 있다.

성공은 우리로 하여금 넓은 하늘을 비상할 수 있도록 해준다. 우리 모두가 성공을 갈망하고 있는 것은 바로 그 때문일지도 모른다. 하지만 실패는 우리가 도저히 비상할 수 없는 영역까지도 비상할 수 있도록 해준다라는 사실을 우리는 알아야 한다. 그것은 실패가 성공보다 우리 인생에 깊이와 넓이를 더 확장시켜주기 때문이다. 실패를 하지 않고 성공만 한 사람에게는 인생의 깊이와 넓이가 그다지 크지 않기 때문에 동물원에 있는 작은 우리 안에서의 비상에 불과하다. 그래서 높지 않고 넓지 않다.

인간은 누구나 자신만의 그릇을 가지고 있다. 그것이 바로 자신의 한계라고 할 수 있다. 모든 사람들은 자신의 한계라는 그릇을 가지고 있기 때문에 아무리 성공을 한다 해도, 그 그릇 안에서만 비상할 수 있다. 성공은 그 그릇의 크기를 확장시켜줄 수 없다. 그것이 성공의 한계점이다. 그 그릇의 크기를 무한정으로 확장시켜줄 수 있는 것은 바로 우리가 뼈아프게 경험한 실패이다.

미국의 나사(NASA)는 우주 비행사를 선발할 때, 반드시 인생에서 큰 실수와 실패를 경험한 사람을 선발한다. 인생에서 한 번도 큰 실패를 해보지 않은 사람은 아무리 비상을 해도, 비상을 할 수 있는 하늘이 크지 않기 때문이다. 큰 실패를 경험한 후 다시 일어선 사람들이 성공만 한 사람보다 훨씬 더 강하고 더 위대한 사람이라는 사실을 나사(NASA)는 잘 알고 있었던 것이다. 실제로 절체절명의 위기의 순간에서 실패를 몸소 경험한 사람과 그렇지 않은 사람과는 큰 차이가 발생할 가능성이 높다. 실패 경험이 많은 사람은 큰 어려움에 직면한다 해도 쉽게 당황하거나 혼란스러워 하지 않으므로 임무를 성공적으로 완수해낼 가능성이 높은 반면, 실패 경험이 부족한 사람은 큰 어려움에 직면하게 되면 중심을 잃고 흔들릴 수 있는 가능성이 매우 높기 때문이다.

우리를 거인으로 만드는 것은 성공이 아니라, 바로 실패이다. 실패는 위대한 인생을 살았던 모든 사람들에게 반드시 존재했다. 그 실패는 그 사람으로 하여금 거인으로 성장할 수 있도록 해준 원동력이었던 것이다.

인간도 실패가 없다면 나비가 되지 못한 누에고치처럼 될 수 있다. 고치에서 나오려고 하는 나비는 수많은 시도를 통해 수많은 실패를 경험하게 된다. 고치에 뚫린 구멍이라는 현실은 너무나 좁다. 나비는 그 구멍에 비해 덩치가 크기 때문에 고치의 구멍을 쉽게 뚫고 나오지 못한다. 하지만 수많은 실패를 통해 나비들은 결국에는 탈출하는데 성공을 하게 된다. 그 수많은 시도와 실패를 통해 나비들은 하늘을 마음껏 날 수 있는 튼튼한 날개와 어깨근육을 만든다는 사실을 우리는 알아야 한다.

만일 누에에서 빠져 나오려고 하는 나비를 위해 구멍을 크게 넓혀 준다면 나비는 수많은 실패를 경험하지 않고도 쉽게 탈출에 성공할 수 있을 것이다. 하지만 그 성공은 성공이 아니라 너무나 불행한 성공이 될 것이다. 왜냐하면 구멍을 넓혀주는 바람에 나비는 쉽게 고치에서 탈출하는 것에 성공하게 되었지만, 하늘을 마음껏 날 수 있는 튼튼한 어깨근육과 멋진 날개를 만들 기회를 동시에 박탈 당한 꼴이 되었기 때문이다. 고치를 빠져 나오려는 나비에게 좁은 구멍은 나비 스스로 수많은 실패를 경험하게 만들고, 그 실패를 통해 어깨근육이 형성되고 튼튼한 멋진 날개가 만들어지는 귀한 기회인 것이다. 그러나 이러한 기회를 경험하지 못하고 쉽게 탈출에 성공한 나비는 평생 땅바닥에서 만들어지다 만 날개를 푸드덕거리며 살아야 한다.

우리 인생도 이와 같다. 실패는 우리에게 튼튼한 어깨근육과 하늘을 날 수 있는 멋진 날개를 만들어주는 황금 같은 기회인 것이다. 실패 경험은 우리에게 큰 사람으로 성장시켜주는 절호의 기회인 셈이다. 그래서 실패와 성공은 다른 것이 아니라 밀접하게 연관이 되어 있는 것이다. 처음부터 잘 되는 일은 없다. 실패, 또 실패. 반복되는 실패는 성공으로 가는 길의 이정표다. 당신이 실패하지 않을 수 있는 유일한 길은 당신이 아무 시도도 하지 않는 것이다. 사람들은 실패하면서 성공을 향해 나간다.

"실패는 당신이 아무것도 성취하지 못했다는 걸 의미하지 않는다. 당신이 무엇인가 새로 배웠음을 의미할 뿐이다."

이처럼 실패는 성공으로 가는 길의 이정표이며 무엇인가를 새로 배웠음을 의미하는 것이다. 실패를 두려워하는 사람은 자기 스스로 손발을 묶어놓은 것과 같다. 실패를 두려워하지 말라. 실패란 이전보다 훨씬 풍부한 지식으로 다시 일을 시작하게 만드는 기회의 또 다른 이름일 뿐이다.

역사학자 아놀드 J. 토인비는 '한 대목에서 성공한 창조자는 다음 단계에서 또다시 창조자가 되기 어렵다'고 말했다. 왜냐하면 이전에 성공한 일 자체가 커다란 핸디캡이 되기 때문이다. 즉 성공하게 되면 성공에 도취되어 그 다음에는 실패를 하게 되고, 실패를 하게 되면 마음과 각오를 다잡아 그 다음에는 성공을 하게 된다는 것이다.

성공과 실패는 종이 한 장을 넘길 때마다 번갈아 맞이하게 되는 종이 한 장 차이라고 말할 수 있다. 그러므로 우리에게 필요한 것은 성공이 연속된다 해도 자만하지 않는 겸손이며, 또 실패가 연속된다 해도 좌절하지 않는 용기이다. 그렇게 할 수 있는 원동력은 성공도, 실패도 겨우 종이 한 장 차이밖에 나지 않는 것이라는 마음가짐이다.

40대 공부로
자신만이 할 수 있는 일을 하라

미국의 정신적 지도자인 마틴 루터 킹은 '목숨을 걸 만한 일을 발견하지 못한 사람은 살 자격이 없다."라고 말했다. 과연 이 말의 숨은 뜻은 무엇일까? 그것은 바로 인생을 낭비하지 말라는 것이다. 그리고 자기 자신만이 할 수 있는 일, 자신의 목숨을 걸 만한 가치 있는 일을 발견하여 그 일을 하는 사람이 되어야 한다는 사실을 주장하고 있는 것이다.

20대의 삶은 매우 다양한 경험을 해보고 다양한 일에 도전해 보는 것이 좋다. 그래야 그러한 풍부한 경험을 토대로 하여 자신이 진정 목숨을 걸고 자기 자신만이 할 수 있는 일을 발견하고 해나갈 수 있기 때문이다.

이런 경우를 잘 말해주고 있는 사람 중에 2002년 노벨 생리의학상을 수상한 로버트 호비츠 MIT 교수를 들 수 있다. 그는 자신이 노벨상을 타게 된 것은 단지 가슴이 시키는 일을 다행스럽게 발견하고 그 일을 했기 때문이라고 말한다.

"노벨상은 목표가 아닌 부산물일 뿐이다. 가슴이 시키는 대로 인생을 살아가는 과정에서 받게 된 선물이라고 할 수 있다. 내 전공은 단지 이론수학과 경제학이었다. 그런데 4학년 때 우연히 듣게 된 생물학 강의가 내 인생을 바꾸어놓았다. 그 당시만 해도 내가 성공할 수 있을 지에 대한 확신은 없었지만 나는 전공을 바꾸는 것을 전혀 두려워하지 않았다. 왜냐하면 나의 내면 깊숙한 곳, 가슴이 그 일을 시켰기 때문이다. 그래서 가슴이 시킨 그 일을 했고 그 결과 노벨상까지 받을 수 있었던 것이다."

아무리 해도 지겹지 않은 일이 있는가? 즐겁게 할 수 있는 일이 무엇인가? 하고 있으면 시간 가는 줄 모르고 오롯이 그 일에 집중할 수 있는 그러한 일이 무엇인가? 남들보다 내가 잘할 수 있는 일이 무엇인가?

정확히 대답을 할 수 있는 일이 떠오른다면 그것이 아마도 자신의 일일 것이다. 바로 그 일을 하라. 그렇게 하면 반드시 그 일을 통해 놀라운 인생이 펼쳐지게 될 것이다.

자신의 일을 발견하여 자신의 일을 하였기에 놀라운 인생을 살다 간 사람 중 한 명이 바로 르네상스 시대를 대표하는 천재적 과학자이며,

기술자이며, 화가이기도 했던 레오나르도 다빈치(Leonardo da Vinci)이다. 그는 다음과 같은 말을 자신의 캔버스에 남겼다.

"인생은 아주 단순하다. 당신이 할 일을 해라.
대부분은 실패할 것이다. 일부는 성공할 것이다.
되는 일을 더 열심히 해라.
그 일이 잘 된다면 다른 사람이 재빠르게 따라할 것이다.
그러면 당신은 다른 일을 해라.
비결은 '특별한 어떤 일'을 하는 것이다."

그가 남긴 메모처럼, 레오나르도 다빈치(Leonardo da Vinci)는 자기 자신만이 할 수 있는 일을 발견하여 그 일에 매진했다. 그 덕분에 그는 뛰어난 화가가 될 수 있었고, 뛰어난 과학자가 될 수 있었고, 뛰어난 기술자가 될 수 있었던 것이다. 그는 자신만이 할 수 있는 일을 하기 위해 남과 다른 길을 선택하여 그 길을 갔다. 사람과 동물의 해부도를 평생 동안 끊임없이 그렸는가 하면, 오늘날의 낙하산·비행기·전차·잠수함·습도계·증기기관에 해당하는 그림을 그리기도 했다. 뿐만 아니라 세기의 명작이라고 할 수 있는 '모나리자', '최후의 만찬' 등과 같은 작품도 남겼다. 그의 놀라운 업적과 인생은 오직 한 가지, '자신의 일'을 발견하고 그것을 해나가는 가운데서 연유한 것이다. 재능이나 능력, 열정은 자신의 일을 발견한 사람에게 따라온다는 것을 레오나르도 다빈치(Leonardo da Vinci)는 증명했다.

『카네기 인간관계론』이라는 책을 쓴 데일 카네기는 이 책을 통해 공전의 히트를 기록하는 대성공을 거두었다. 지금까지도 그는 성공학과 처세술의 대가로 평가받고 있다. 그가 이렇게 큰 성공을 거두게 된 것은 바로 자기 자신만이 할 수 있는 일, 남들보다 더 잘할 수 있는 일을 발견하고 그것을 했기 때문이다.

이러한 사실은 그의 삶을 통해 분명하게 알 수 있다. 먼저 그의 외모는 낙제점이다. 외모도 경쟁력인 시대에(비록 그는 조금 이전 시대의 사람이지만, 외모는 시대를 막론하고 중요한 경쟁력이다.) 그는 덧니를 가지고 있었고 말투도 어눌했으며 큰 귀와 근시를 가지고 있었고 투박한 사투리를 쓰는 그런 세련되지 못한 사람이었다. 그는 자신만이 잘할 수 있는 그런 특별한 어떤 일을 처음에는 발견하지 못하여 많은 실패를 하였다. 하지만 결국에는 자신만이 할 수 있는 일을 발견하여 대성공을 거두게 된다.

그는 처음에는 교사가 되고자 했다. 하지만 그는 졸업시험에서 낙제를 하여 졸업을 못하게 되었다. 결국 교사가 되고자 하는 길을 멈추어야 했다. 그 후에는 통신교재를 판매하는 영업을 했지만 실패하였다. 그리고 배우를 하기 위해 시도했지만 또 실패하였다. 그리고 그 후에는 자동차 판매도 해보지만 역시 실패했다. 그래서 소설을 쓰기도 하지만 출간도 못한 채 그것 역시 실패로 끝나게 되었다.

결국 카네기는 자신이 남들보다 잘할 수 있는 유일한 일인 대중을 대상으로 하는 강연을 20년 동안 꾸준히 하게 되었고 마침내 성공을 거두게 되었던 것이다. 그의 감동적인 강연을 들은 출판사 편집자는 그의 강의 내용을 책으로 출간하기로 하였다. 결국 그는 큰 성공을 이룰 수 있었다. 이처럼 실패를 거듭한 데일 카네기가 엄청난 성공을 하게 된 것은 바로 자신만이 할 수 있는 일, 자신에게 특별한 어떤 일을 발견하여 그것에 매진하였기 때문인 것이다.

40대는 아직 늦지 않는 시기이다. 오히려 지금까지의 인생 경험이 성공의 토대가 되어주고 판단의 기준이 되어주기 때문에 자신만이 할 수 있는 특별한 어떤 일을 발견할 수 있는 시기이기도 한 것이다. 그러므로 자신만이 할 수 있는 일을 발견하고 그 일에 미쳐보자.

>> 과거의 나를 부수고 새로운 내가 되자

기존에 있는 것이 부서지지 않는다면 새로운 변화는 찾아오지 않습니다. 사람의 성장 또한 마찬가지입니다. 지금의 내가 부서지고 깨어지지 않는다면 더 높은 성장을 기대할 수 없습니다. 과거의 자신과 이별하세요. 새 술은 새 부대에 담아야 하듯이 기존의 나를 비우고 난 후에야 변화된 새로운 자신을 채울 수 있을 것입니다.

– 「나를 위한 하루 선물」 중에서

40대 공부로 다시 어린아이처럼 가슴 뛰게 하는 일을 하라

시카고 대학의 한 연구팀이 매우 흥미로운 사실에 대하여 조사를 한 적이 있다. 그것은 세계적으로 가장 창의적인 사람들, 즉 노벨상 수상자를 비롯해서 각 분야에서 뛰어난 창의적 인재들 100명을 대상으로 하여 무엇이 그들로 하여금 성공을 하게 만들었고 큰 업적을 성취하게 만들었느냐에 대한 것이었다.

우리들은 아마도 그들의 성공을 타고난 천재성이나 재능, 지능지수, 창조성 등과 같은 것이라고 생각할 수 있다. 하지만 그들에게서 나온 답들 중에 가장 많은 사람들이 대답한 성공의 요인은 의외의 대답이었다.

"자신을 어린아이처럼 가슴 뛰게 만드는 일, 내가 가장 하고 싶은 일, 좋아하는 일을 선택했던 것이 나의 성공의 요인이다."

그들은 "나는 평생 일한 적이 없다."라고 말한다. 자신이 진정 좋아하고 자신의 가슴을 뛰게 하는 일은 돈벌이를 위해 하기 싫은 것을 참으면서 하는 일이 아니라, 하면 할수록 기쁘고 즐겁고 가슴 뛰게 하는 그러한 놀이와 같은 일이기 때문이다.

성공한 사람들을 살펴보면, 이러한 생각을 가지고 있다는 사실을 발견하게 된다. 자신을 다시 어린아이처럼 만들 수 있는 그러한 일을 발견하고 그 일을 하는 사람은 진정 어린아이와 같이 행복하게 될 것이다. 그 결과 어린아이들만이 가지고 있는 무한한 상상력과 엉뚱하고 기발한 생각과 어른들이 도저히 따라갈 수 없는 창의성이라는 능력을 다시 얻게 되는 것이다.

장애인으로서의 삶을 살았지만, 사람들에게 희망과 용기를 심어준 헬렌 켈러 여사는 "앞을 보지 못하는 것이 슬픈 것이 아니라, 비전이 없는 것이 슬픈 것이다."라고 말했다. 그녀의 말처럼 정말 비참한 것은 어떠한 장애나 실패가 아니라 비전이 없는 삶이다.

과연 보지도 못하고 듣지도 못하고 말하지도 못했던 그녀로 하여금 위대한 인생을 살 수 있게 만든 요인은 무엇이었을까?

그것은 바로 그녀로 하여금 자신을 어린아이처럼 가슴 뛰게 하는 것을 경험하고 발견할 수 있었기 때문이라고 말할 수 있다.

그녀는 설리번 선생님을 통해 자신의 가슴을 뛰게 하는 경험을 할 수 있었다. 그 경험을 통해 그녀는 책을 읽을 수 있게 되었고 대학교에 입학하여 공부를 할 수 있게 되었다. 그녀로 하여금 가슴 뛰게 했던 그 일은 바로 공부였다. 이 세상의 그 무엇보다도 더 가슴 뛰게 했고 영혼을 자유롭게 해준 것이 바로 공부였던 것이다. 그녀를 장애의 울타리에서 과감하게 벗어나 자유롭게 영혼이 뛰어 놀 수 있게 해준 것이 바로 공부였던 것이다. 희망과 즐거움으로 영혼이 춤출 수 있게 해준 것이 바로 공부였던 것이다. 이러한 사실을 그녀의 자서전을 통해 알 수 있다.

"어느 날 설리번 선생님은 나에게 'w-a-t-e-r'라는 단어가 물을 의미한다는 것을 가르쳐주려고 했지만 아무 소용이 없었다. 우리는 장미꽃 향기에 이끌려 오솔길을 따라 우물가에 다다랐다. 선생님은 콸콸 쏟아지는 물 아래로 내 손을 가져갔다. 찬 물줄기가 한쪽 손에 쏟아지는 동안 선생님은 다른 손에 'water'라는 단어를 처음에는 천천히, 그리고는 차츰 빠르게 반복해서 썼다. 나는 꼼짝 않고 서서 온 신경을 선생님의 손가락 움직임에 집중시켰다. 갑자기 나는 잃어버린 그 무엇을 되찾은 듯이, 안개 같은 의식을 깨달았다. 어쩐 일인지, 언어의 신비가 나에게 들어왔다. 그 순간 나는 'w-a-t-e-r'(물)가 내 손에 쏟아지고 있는 차가운 그 무엇을 지칭하고 있음을 깨달았다. 이 살아 있는 단어가 나의 영혼을 깨우고 빛과 희망과 즐거움을 주었으며 영혼을 자유롭게 하였다."

만약에 그녀가 이러한 감동적이며 자신을 가슴 뛰게 했던 이 환희의 순간을 경험하지 못했다면, 모든 장애인들의 희망의 증거인 헬렌 켈러 여사는 탄생하지 않았을 것이다. 자신의 온몸으로 전율을 느낄 만큼 가슴 뛰게 하는 일을 경험하고 그 일을 날마다 반복하며 단어를 익혔기 때문에 그녀는 위대한 삶을 살 수 있는 발판을 마련하게 되었던 것이다. 그녀는 그 일에 모든 에너지를 쏟아 부을 수 있게 되었고 그러한 가슴 뛰는 일로 인해 그녀는 내면에 숨겨져 있던 천재성이 발휘되었으며 무한 잠재력이 깨어나게 되었던 것이다.

노벨상 수상자인 알렉산더 플레밍 역시 자신의 가슴을 뛰게 하는 일을 발견하였고 그 일을 하였기 때문에 노벨상을 수상할 수 있었다고 말할 수 있다. 그는 자신이 하는 일이 너무나 가슴 벅차고 재미있는 일이었기 때문에 매일 동료들이 퇴근한 후 늦게 까지 실험실에 남아서 일이 아닌 정말 재미있는 놀이를 했던 것이다. 그의 동료들이 궁금해서 물어보면, 그는 언제나 "사람들의 방해 없이 미생물과 즐겁게 놀고 있네."라고 대답했다고 한다.

만약에 그가 자신의 일을 진정으로 좋아하지 않았다면, 그 역시 창문을 통해 날아온 먼지가 페니실린의 재료가 된다는 사실을 그냥 지나쳤을 것이다. 그로 하여금 페니실린을 발견할 수 있게 해준 것은 자신의 가슴을 뛰게 만드는 그 일이었다.

모든 인간은 위대한 성공자라는 것을 알고 있는가?

우리는 수없는 실패를 극복한 이미 위대한 성공을 한 위대한 성공자들이다. 우리 자신을 다시 어린아이처럼 만들 필요가 있다. 왜냐하면 어린아이들은 포기가 무엇인지 실패가 무엇인지 불가능이 무엇인지 모르기 때문에 수백 번 넘어져도 다시 일어나 걷기를 시도한다. 아침에 일어나면 또다시 걷기와 말하기를 시도한다. 그 결과 대부분의 아이들은 모두 걷게 되고 말하게 된다. 그런 실패의 과정을 거친 것이 우리들이다.

그리고 어린아이만큼 창의성이 뛰어난 예술가적 기질을 가지고 있는 존재도 없다. 이 사실을 피카소는 잘 말해주고 있다.

"모든 어린이는 예술가다. 문제는 어떻게 어른이 된 뒤에도 예술가로 남을 수 있는가이다."

그의 말대로 어른이 된 뒤에도 어린아이의 상상력과 창의성을 회복할 수 있느냐 못하느냐에 따라서 우리의 삶이 결정될 수 있다. 이런 이유로 위대한 성공을 한 사람들은 대부분 어린아이와 같은 천진난만한 성격을 가지고 있는 것이다. 특히 창의적인 발견과 상상력을 마음껏 활용해야 하는 예술 분야와 학문 분야에서 큰 업적을 성취한 사람들은 어린아이와 닮은 점이 많다는 사실을 알 수 있다.

우리는 어른이 되면서 충분히 노력하지 않아도 되는 법을 몸으로 익히게 되었다. 그래서 무엇을 하더라도 어른들은 대충하고 적당히 하도록 프로그램 되어버렸다. 하지만 어린아이들은 무엇을 해도 전심전력을 다 한다. 그 차이가 수천 번 시도를 해도 포기하지 않는 어린아이와 몇 번의 시도에도 쉽게 포기하는 어른들의 차이이다.

우리는 단순히 나이를 먹고, 그것으로 존재의 의미를 채우는 존재가 아니다.

　어떻게 존재할 것인지, 어떤 존재가 될 것인지를 매순간 선택하며 살아가는 존재인 것이다. 우리의 인생을 결정하는 것은 매순간 우리가 어떤 생각으로 어떤 태도로 어떤 행동으로 살아가느냐 하는 것이다. 이러한 우리의 생각과 태도와 행동이 어린아이의 시절로 되돌아가서 모든 것에 새로움과 신선함과 충격과 환호를 느낄 수 있는 감성을 회복한다면 우리의 40대 이후의 인생은 지금까지의 무미건조하고 모든 기쁨과 환호와 신선함이 사라진 인생과는 다른 인생을 살 수 있을 것이다.

> **≫ 능력이 기회를 부른다**
>
> 능력 있는 사람이 기회가 없어 허둥거리며 괴로워 하는 것을 본적이 있습니까? 능력이 있다면 없는 기회도 만들어지고, 인재가 나타나면 서로 필요하다고 아우성치는 세상입니다. 세상은 능력 있는 자를 절대로 그냥 내버려 두지 않습니다. 기회는 항상 존재합니다. 기회 없음을 한탄하며 핑계거리를 만들지 마세요. 문제는 기회의 존재가 아닌 기회를 잡을 능력이 있느냐 하는 것입니다.
>
> – 「나를 위한 하루 선물」 중에서

40대 공부는 힘, 용기, 실력을 제공해준다

세상에서 가장 어리석은 일은 제대로 도전 한 번 해보지 못하고 세상을 마감하는 것이다. 이런 관점에서 볼 때, 40대 공부는 바로 새로운 세계를 향해 도전하며 나아갈 수 있는 힘과 용기를 길러준다. 뿐만 아니라 덤으로 실력까지 겸비하게 해준다는 것이다.

여기서 우리가 조심해야 할 것은 너무 지나친 준비로 인해 도전해야 할 시기를 놓치고 땅을 치며 후회하는 것이다. 너무나 많은 사람들이 충분히 할 수 있음에도 불구하고 도전하지 않았기 때문에 잡을 수 있었던 기회마저 놓쳐버린다는 사실을 우리는 가슴에 새겨야 한다.

세계적인 경영 컨설턴트이며 리더십 트레이너이고 베스트셀러 작가인 데니스 웨이트리(Denis Waitley)는 「놓쳐 버린 기회」라는 제목의 다음과 같은 시를 지었다.

"옛날 옛적에 아주 조심스럽기 그지없는 사람이 살았는데,

그는 결코 울지도 웃지도 않고, 모험도 해본 일 없고,

져본 일도 없고, 이겨본 적도 없고, 시도해본 적도 없었다네.

그러다 어느 날 그가 죽었는데도 보험금이 지급되지 않았다네,

진정으로 살아본 적이 없는 사람이니 진정으로 죽지도 않았다고

보험회사에서 우기더라나."

우리는 용기가 없어서 우물쭈물해서 우유부단해서 너무나 많은 기회와 일들을 인생에서 놓쳐버린 것이다. 그러므로 이제는 도전하고 도전하고 또 도전하는 인생을 살아야 한다.

용감하게 도전하여 실패하는 것은 부끄러운 일이 아니다. 도전조차 하지 않아서 제대로 실패 한 번 해 보지 않은 것은 실로 부끄러운 일이다. 왜냐하면 그런 사람은 살아도 진정으로 살아본 적이 없는 사람이기 때문이다.

우리에게 주어진 가능성의 한계를 알기 위해서도 가장 필요한 것은 그 가능성의 한계에 도전하는 것이다. 불가능한 것에 도전해보는 것은 불가능을 가능으로 만드는 마법과도 같은 일이다. 불가능은 절대로 어떤 것을 정의 내리는 사실이 아니다. 그저 어리석은 생각이며 어떠한 증거도 없는 의견에 불과한 것이다.

도전하는 인생은 아름답다. 그것은 불가능할수록 더 큰 감동과 기쁨과 희망을 우리에게 선사한다. 용기를 가지고 도전하는 사람에게는

차원이 다른 세상이 열리게 된다. 뿐만 아니라 지금까지 한 번도 느껴보지 못한, 알지도 못한 환희와 기쁨이 샘 솟게 된다. 이것은 실패가 두려워 도전조차 해볼 수 없는 그런 사람들은 도저히 알 수 없는 기쁨이며 희열이다.

우리가 도전하고 도전하고 또 도전해야 하는 이유는, 그 길만이 평범한 사람으로 남지 않을 수 있는 유일한 길이기 때문이다.

누구나 성공을 이루기 전에 수많은 일시적 패배와 실패를 겪는다. 패배가 찾아왔을 때, 가장 논리적이고 쉽게 취할 수 있는 조치는 포기하는 것이다. 그것이 대다수의 사람들이 선택하는 조치이다. 그리고 그것이 바로 대다수의 사람들이 그저 평범한 사람으로 남는 이유이기도 한 것이다.

우리가 그저 평범한 사람으로 살아가는 가장 큰 이유는 포기하기 때문이다. 누구나 인생을 살아오면서 한 번쯤은 큰 목표와 큰 꿈을 가지게 되지만, 몇 번의 시도를 통해 그 꿈이 너무 멀리 떨어져 있다는 사실을 깨닫게 되면 그 꿈을 이루기 위한 시도조차 하지 않는다. 그냥 포기해버리고 만다. 그 결과 우리는 평범한 사람으로 살아가는 것이다.

"도전하지 못하는 가장 큰 이유는 자신에 대한 무지와 세상에 대한 두려움일 것이다."

우리는 공부를 통해 무지에서 벗어날 수 있으며 이 세상에 대한 자신감을 획득할 수 있다. 공부를 통해 학습된 무기력을 타파할 수 있고 그로 인해 인간은 누구나 다 비슷하다는 것을 깨닫게 된다. 바로 그때가 공부의 참된 위력이 발휘되는 순간이다.

우리는 그러한 순간을 통해, 이전에는 도저히 도전해볼 엄두도 나지 않았던 일들에 대해 과감하게 도전할 수 있게 된다. 바로 그것이 참된 용기이며 도전이라고 감히 말할 수 있다.

남들보다 잘하는 것은 위대하지 않지만, 어제의 자신보다 더 나은 자신이 되는 것은 위대한 것이다. 어제의 자신에게 절대로 지지말라. 남들보다 잘하는 것은 공부를 하지 않아도 가능하지만, 자신을 이기는 것은 반드시 공부가 필수적이다. 그것은 자신을 성장시키고 더 나은 삶을 살아갈 수 있는 자기 자신을 만드는 것은 공부를 통해서만 가능하기 때문이다.

"인생에서 실패하는 대부분의 경우는, 포기하는 바로 그 순간이 성공에 얼마나 근접했는지를 깨닫지 못하고 있기 때문이다."

이것이 도전하고 도전하고 또 도전해야 하는 이유이다. 성공하고 성공하고 또 성공할 수 있는 유일한 방법은 도전하고 도전하고 또 도전하는 방법밖에는 없다.

성공하기 위해 우리는 도전해야 하지만 그것보다 더 중요한 도전의 이유는, 도전하는 인생 그 자체로 매우 큰 가치와 행복과 충만한 인생을 선사해주기 때문이다. 아무 도전도 하지 않고 살아가는 인생보다는 무엇이라도 도전하며 살아가는 인생이 매우 활기차고 매우 생동감이 넘치며 매우 행복하다는 것을 굳이 설명할 필요가 있을까.

인생에서 모험을 시도해야 하는 최고의 시기는 바로 40대 임을 자각하고 도전해보자. 가능하면 큰 꿈에 도전해보자.

≫ 꿈을 현실로 만드는 사람이 되자

세상에는 세 종류의 사람이 있습니다. 꿈만 꾸는 사람, 현실만 보는 사람, 그리고 꿈을 현실로 만드는 사람입니다. 아무런 계획도 행동도 없이 스스로 만든 꿈 속 세계에만 사는 사람은 꿈을 이룰 수 없습니다. 오직 차가운 이성으로 현실만 보는 사람은 꿈을 꾸지 않습니다. 확고한 신념과 목표의식을 가지고 구체적인 계획을 세워 실천할 줄 아는 사람만이 꿈을 현실로 만드는 사람입니다.

– 「나를 위한 하루 선물」 중에서

40대 공부야말로, 자신감을 주고, 포기하지 않게 해준다

왜, 누구는 자신감이 있는 반면, 또 누구는 자신감이 없는 것일까? 자신감이 실력이나 능력과 비례하는 것일까?

누구나 이러한 의구심을 한두 번쯤은 품어보았을 것이다. 하지만 자신감이 절대로 실력이나 능력과 비례하진 않는다.

신입사원들을 보면 이러한 사실을 확실하게 알 수 있다. 신입사원들 가운데 어떤 사원은 내성적이고 또 어떤 사원은 외성적이다. 어떤 사원은 자신감이 넘쳐 흐르는가 하면, 또 어떤 사원은 너무나 자신감이 없는 모습이다. 하지만 일을 시켜보면 자신감과 실력은 비례하지 않는다는 것을 금방 알 수 있다.

대체로 자신감이 있는 신입사원은 입사 후 5년 정도 되면 존재감을 인정받고 회사생활을 잘해 나가는 모습을 보게 된다. 하지만 아무리 실력이 뛰어나고 좋은 학교를 졸업했다 해도 자신감이 없는 신입사원

260

은 결국에는 오래 버티지 못하고 퇴사를 하게 되는 모습도 보게 된다. 회사생활을 활기차고 의욕적으로 해나가지 못하는 모습을 보고서 선배로서 안타까운 생각이 들 때가 많았다.

과연 자신감이 있는 사원과 자신감이 없는 사원의 근본적인 차이는 무엇이었을까? 왜 자신감이 있는 사원들은 실력도 유감없이 발휘하지만, 실력이 있음에도 자신감이 없는 사원들은 있는 실력마저 발휘하지 못하는 것일까?

그것은 바로 공부를 통해 기본적인 내공을 쌓은 사람과 그렇지 못하고 학교 성적이나 졸업장을 위해, 그리고 스펙을 쌓기 위해 암기 공부만 한 사람의 차이라고 할 수 있다. 물론 학교 성적이나 졸업장, 스펙도 중요하지만 이런 것들은 궁극적으로 보여주기 위한 공부에 다름 아니다.

진정 자신을 넘어설 수 있는 공부는 바로 내공이 쌓이는 공부이다. 그런 공부를 한 사람은 자신감이 넘치는 것이다. 반면에 보여주기 위한 공부를 한 사람은 공부를 아무리 많이 하더라도 자신감이 부족한 자신을 숨길 수가 없을 뿐만 아니라 벗어날 수도 없다. 그 결과 작은 일에도 쉽게 도전하지 못하고 자꾸 안으로만 들어가게 되는 것이다. 참된 공부를 하지 않는 사람들의 가장 큰 손해는 자기 자신을 믿을 수 없게 된다는 것이다. 이것은 학습된 무기력과 이 세상의 위협과 상대적으로 작아진 자신의 모습 때문이라고 할 수 있다.

인생의 경험이 어느 정도 갖추어진 인생 40대들이 공부를 하게 되면, 이러한 학습된 무기력과 세상의 위협과 작게 보이기만 하는 자신의 모습들을 과감하게 이겨낼 수 있다. 그런 반면 20대 이전의 공부는 이러한 학습된 무기력이 정립되기 전이므로 제대로 된 공부라고 할 수 없다.

40대 공부는 이 세상의 벽을 뛰어넘는 공부이고 자신을 넘어서는 공부라고 할 수 있다. 40대 공부는 자신을 넘어설 수 있는 용기를 줄 수 있는 공부이며 그러한 용기는 바로 자신감이라고 할 수 있다.

우리가 살면서 무엇을 하든지 가장 중요한 것은 '할 수 있음'을 믿는 것이며 그로 인해 절대 포기하지 않는 것이다. 이것이 토대가 되지 않는다면 우리는 그 일을 해 낼 수 없다. 자기 자신이 할 수 있다는 사실을 믿어주는 사람은 자신밖에 없다. 에머슨은 다음과 같은 말을 했다.

"자기 신뢰는 으뜸가는 성공의 비결이다."

하바드대학교의 연구 결과, 인간은 온통 부정적인 메시지 속에서 성장한다고 한다. 자신의 모든 잠재능력을 사장시켜버리고 아무것도 할 수 없게 만드는 것이 바로 세상의 환경이라는 것이다.

한 인간이 18세가 될 때까지, 약 14만 8천 번의 이러한 부정적 암시가 잔인하게 주어진다고 한다. 이러한 부정적 암시 때문에 많은 사람들은 자신의 부정적 사고의 틀 안에 갇혀 평생 살게 된다는 것이다. 그래서 '난 역시 안 돼.' '내가 어떻게 저걸 해.' '나 같은 사람이 어떻게 저렇게 하겠어.' 라는 부정적 사고를 하게 되고 그 사고의 노예가 되어 살아가게 된다는 것이다.

반면 위대한 성공을 거둔 사람들은 한결같이 이러한 부정적 사고를 과감하게 이겨낸 사람들인 것이다. 그러한 결단과 용기의 토대가 되었던 것은 자신이 끝까지 할 수 있다고 믿는 믿음이며 그러한 믿음을 절대 포기하지 않았기에 큰 성공을 거둘 수 있었다는 점이다.

오늘날 가장 위대한 성악가 중 한 명으로 평가받는 카루소는 자신이 할 수 있다는 믿음을 가지고 포기하지 않았기에 최고의 테너가수가 될 수 있었다.

청년시절, 그 역시 세상이 주는 부정적 암시에서 자유롭지 못했다. 그는 어렸을 때부터 훌륭한 성악가가 되는 것이 꿈이었다. 그래서 매일 노래를 부르며 꿈을 키워나갔다. 하지만 세상이 주는 부정적인 메시지는 어김없이 그에게 찾아왔다. 집이 가난하여 공장에서 일을 하며 성악을 공부한다는 그에게 세상의 따가운 시선은 그의 어깨를 무겁게 만들었다. 힘겹게 번 돈을 가지고 가수가 되기 위해 음악학원에서 레슨을 받고자 하였으나 음악학원 선생님은 그를 가르치지 않겠다고 잘라 거절했다. 그 이유는 그가 자질이 없고 목소리도 좋지 않기 때문이라고 말했다. 그러나 그는 포기하지 않았고 자신이 훌륭한 성악가가 될 것이라는 사실을 굳게 믿고 매일 피나는 연습을 하였다. 하지만 그가 청년이 되었을 때도 상황은 똑같았다. 한두 번도 아니고 오랜 세월 동안 연습을 거듭하였지만, 소질이 없다고 그 분야의 전문가들이 하나같이 말한다면 우리는 어떻게 할 것인가?

두 가지 길이 있다. 첫 번째 길은 그것이 진정 자신의 길이라면 자신이 반드시 해낼 수 있음을 믿는 것이고, 두 번째 길은 새로운 자신의 길을 찾아 떠나는 것이다.

성공의 공식은 실패+실패이고, 실패의 공식은 성공+성공이다. 그러므로 실패를 여러 번 했다면 이제는 성공을 하게 될 것이다. 그러므로 포기하지 않는 것이 매우 중요하다.

성공할 것이라고 믿어라. 그렇게 확고히 믿고 성공하기 위해 필요한 일들을 하라. 물론 성공할 것이라고 믿는다고 전부 성공하는 것은 아니다. 하지만 그 믿음조차 없는 사람들은 훨씬 더 성공하지 못한다. 그것은 성공하기 위해 시도조차, 노력 조차 하지 않기 때문이다.

우리가 절대로 포기하지 않아야 하는 이유 중 하나는 포기하고 싶은 생각이 물밀듯 밀려들 때가 바로 성공의 문이 열리기 시작하는 시작점이라는 것이다. 다시 말해 힘들고 어려워서 수많은 사람들이 포기하는 그때는 이미 성공으로 건너갈 수 있는 성공의 사다리가 거의 다 완성되어가는 가장 막바지 시점이라는 것이다. 그래서 이 시점을 견디면 곧바로 찬란한 성공의 길이 열리게 되고 눈에 보이게 된다는 것이다. 해가 뜨기 직전이 가장 어둡고 가장 추운 것처럼 성공의 문이 열리기 직전이 가장 힘들고 고통스러운 것이다.

『내 영혼을 담은 인생의 사계절』이라는 책의 저자 짐론은 책을 통해 이러한 사실에 대해 잘 말해주고 있다.

"만약 여러분의 상황이 힘들고 고통스럽다면 현재 부딪힌 한계, 혹은 실패에 감사하라. 지금 여러분은 거의 모든 성공 스토리가 시작된 바로 그 지점에 서 있는 셈이기 때문이다."

위대한 인물들의 성공 스토리는 그들이 정신적으로 경제적으로 사회적으로 육체적으로 가장 밑바닥에 내려간 그 순간부터 시작되었다. 가장 힘든 시기는 무엇보다 자신의 내면에 숨겨진 가장 큰 재능과 열정과 능력을 끄집어낼 수 있는 절호의 기회이다.

우리 내면에는 우리도 미처 알지 못했던 엄청난 능력이 숨어 있다. 하지만 그것을 잘 끄집어내기 위해서 반드시 필요한 한 가지는, 그러한 능력이 나올 때까지 끝까지 하는 것이다. 우리가 포기하는 이유는 성공에 대한 확신이 없기 때문이다. 그렇기 때문에 우리는 할 수 있음을 믿는 것이 매우 중요하다.

이러한 사실은 서부 개척시대에도 실제로 비일비재하게 일어났던 일이다. 수많은 사람들이 노다지를 발견해서 인생을 역전하기 위해 곡괭이와 삽을 들고 금이 나오는 광산 지역으로 큰 꿈을 안고 희망차게 떠나지만 거의 대부분이 결국에는 포기하고 만다.

아무리 땅을 파고 깊숙이 들어가도 노다지를 발견하지 못하기 때문이다. 처음에는 희망을 갖고 함차게 땅을 파고 들어가지만 어제도 오늘도 금이 발견되지 않자 차츰 금이 있을 것이라는 희망이 사라지게 된다. 희망이 사라지자 도저히 힘이 들어 땅을 더 팔 수가 없어서 그 자리에 삽과 곡괭이를 내동댕이쳐버리고 귀향한다고 한다. 재미있는 점은 그렇게 내동댕이쳐진 삽과 곡괭이들이 가장 많은 장소에서 불과 얼마 떨어지지 않은 장소에서 엄청난 노다지들이 많이 발견되었다는 사실이다. 바로 눈앞에서 대부분의 사람들이 포기하지만 공부를 한 소수의 사람들은 그때, 포기하지 않게 되는 것이다.

그것이 바로 공부의 위력이요 공부의 이유인 것이다. 공부를 통해 자신을 성찰하고 인생을 성찰하는 눈을 터득한 사람들은 작은 시련에 쉽게 흔들리지 않는다. 실패나 시련을 통해서 좌절하기보다는 오히려 더 큰 교훈과 깨달음을 얻게 된다. 그래서 공부하는 사람들에게는 실패가 좌절이나 낙담으로 다가오지 않고 성공으로 향하는 발판으로 다가오게 되는 것이다.

≫ 롤 모델을 찾아라

목표 성취의 기본은 내가 이루고자 하는 목표를 이미 이루어낸 사람들의 장점을 배우는 것입니다. 당신이 원하는 목표를 이루기 위해서 이미 성취한 사람들을 찾아보세요. 그들 중 당신의 마음을 이끄는 사람을 롤 모델로 정하세요. 그리고 롤 모델을 세밀히 분석하고 그 사람이 가진 장점을 당신의 것으로 만드세요. 무엇보다 그들의 정신적인 부분을 배우도록 노력하세요. 그들의 뒤를 따라가다 보면 당신은 어느 순간 그들의 옆에 서있게 될 것입니다.

- 『나를 위한 하루 선물』 중에서

40대 공부하는 사람은
모두 청춘이라고 말할 수 있다

"배우기를 그만둔 사람은 20세든 80세든 늙은 것이다. 계속 배우는 사람은 20세든 80세든 젊은 것이다."

러시아의 대문호 톨스토이는 놀랍게도 66세에 자전거 타는 법을 새로 배우기 시작했다. 그로 하여금 위대한 사람이 되게 만든 것은 바로 무엇이든 배우려고 하는 그 배움의 정신이었던 것이다. 보통 사람이라면 "이 나이에 내가 뭘 배우겠어!"라고 생각할 것이다. 하지만 그는 새로운 것을 날마다 배우며 살았던 것이다. 한 마디로 그는 연령을 초월하는 삶을 살았던 것이다.

'나이는 숫자에 불과하다.'

이 세상에는 나이가 7, 80세 일때 새로운 일을 시작하여 크게 성공한 사람들도 적지 않다. 우리라고 그러한 사람이 되지 말라는 법은 없다. 특히 인생에서 가장 중요한 시기인 40대 때, 공부를 통해 자신을 뛰어넘은 사람들에게는 이러한 일들이 너무나 자연스럽게 일어날 것임을 확신한다.

레이 크리스트는 펜실베니아 주 미사이어대학교 인문학부에 교수로 부임하여 34년 동안 교수로서 재직을 했다. 그는 놀랍게도 70세의 나이에 대학 교수로 부임하여 자그마치 34년간 교수로 근무하다가 104세의 나이로 은퇴를 하였다. 그는 은퇴를 하면서도 "은퇴 후에도 연구와 논문 집필 활동은 계속 할 것"이라고 말하며 지칠 줄 모르는 삶과 연구에 대한 열정을 보여 주었다.

이탈리아의 세계적인 작곡가인 주세페 베르디는 걸작 오페라인 〈팔스타프〉를 무려 80세의 나이에 작곡했다. 현대 경제학의 창시자로 칭송 받고 있는 피터 드러커 박사는 『넥스트 소사이어티』란 위대한 책을 93세에 집필했다. 독일 고전주의 문학의 정수로 꼽히는 『파우스트』를 괴테가 완성한 나이는 83세였다. 슈바이처 박사가 하루 종일 정상적으로 환자를 돌보는 일을 그만둔 나이는 무려 90세였다. 세계적인 성공학 강사 중에 한 명인 노만 빈센트 필 박사가 강연을 멈춘 나이는 자그마치 94세였다. 다시 한 번 강조하지만, 정말 나이는 숫자에 불과하다.

나이가 정말 마음에 걸려서 아무것도 시도하지 못하는 사람이 있다면 다음의 글을 읽어 보기를 바란다. 이 글은 2008년 8월 14일자 『동아일보』의 칼럼에 실린 내용이다. 이 글을 읽고 생각해보면, 40대를 살아가고 있는 우리들은 정말 청춘과 다를 바 없다. 그러므로 이제 새로운 삶에 도전해보자. 그리고 위대한 40대 공부를 시작해보자.

어느 95세 할아버지의 회고

"나는 젊었을 때 정말 열심히 일했습니다. 그 결과 나는 실력을 인정받았고 존경을 받았습니다. 그 덕에 65세 때 당당한 은퇴를 할 수 있었죠. 그런 내가 30년 후인 95세 생일 때, 얼마나 후회의 눈물을 흘렸는지 모릅니다.

내 65년의 생애는 자랑스럽고 떳떳했지만, 이후 30년의 삶은 부끄럽고 후회되고 비통한 삶이었습니다. 나는 퇴직 후 "이제 다 살았다, 남은 인생은 그냥 덤"이라는 생각으로 그저 고통 없이 죽기만을 기다렸습니다. 덧없고 희망이 없는 삶…. 그런 삶을 무려 30년이나 살았습니다.

30년의 시간은 지금 내 나이 95세로 보면…,
3분의 1에 해당하는 기나긴 시간입니다.

만일 내가 퇴직할 때 앞으로 30년을 더 살 수 있다고 생각했다면 난 정말 그렇게 살지는 않았을 것입니다. 그때 나 스스로가 늙었다고 뭔가를 시작하기엔 늦었다고 생각했던 것이 큰 잘못이었습니다.

나는 지금 95세이지만 정신이 또렷합니다. 앞으로 10년, 20년을 더 살지 모릅니다. 이제 나는 하고 싶었던 어학공부를 시작하려고 합니다.

그 이유는 단 한 가지…,

10년 후 맞이하게 될 105번째 생일 날, 95세 때 왜 아무것도 시작하지 않았는지 후회하지 않기 위해서입니다.”

>> 단호하고 확고하게 결단하라

목표를 정하고 결단한 다음에는 더 이상 뒤를 돌아보지 말아야 합니다. 자신의 선택에 대한 두려움을 품고서 장애물이 생길 때마다 뒤를 돌아본다면 어떤 일도 제대로 할 수 없습니다. 가장 좋은 선택은 없습니다. 다만 어떤 선택이든 당신이 가장 좋은 선택으로 만들어 갈 수 있을 따름입니다. 자신의 선택에 대해 믿음을 가지고 단호하고 확고하게 결단하세요. 스스로 자신을 믿고 자신의 선택을 믿는다면 모든 것이 협력하여 가장 좋은 결과를 만들어 낼 것입니다.

– 『나를 위한 하루 선물』 중에서

40대 공부로
진짜 인생의 비전을 가질 수 있게 된다

"마흔이 되면 진짜 인생이 보이기 시작한다."

하지만 이 말에 대한 필자의 생각은 좀 다르다. 물론 인생의 산전수
전을 다 겪으며 살아온 그 인생 경험은 정말 무지했던 사람으로 하여
금 진짜 인생이 보일 수 있도록 조력해주는 것은 사실일 것이다. 하지
만 그것은 반쪽 짜리 시각이 될 것이다. 왜냐하면 자신을 성찰하고 다
양한 분야의 공부와 사색을 하지 않는 자들에게는 아무리 마흔이 되어
도 진짜 인생의 숲은 보이지 않는다는 것이 현실이기 때문이다.

이 세상에는 나이가 마흔이 넘은 사람들이 매우 많다. 길거리에 나
가서 살펴봐도, 마흔 이상의 사람들은 차고 넘치는 듯 보인다. 하지만
그 사람들 모두가 저절로 나이가 마흔이 되었다는 이유만으로 진짜 인
생이 무엇인지 보이기 시작한 사람들은 아니라는 생각이 든다.

진짜 인생이 보이기 시작하기 위해서는 저절로 먹는 나이와 함께 중요한 요소가 더 필요하기 때문이다. 바로 자신을 성찰하고 인생을 성찰할 수 있는 진짜 공부가 필요하다고 말할 수 있다.

"마흔이 된다고 진짜 인생이 저절로 보이는 것은 아니다. 진짜 공부를 하는 사람에게만 진짜 인생도 보이기 시작한다. 이 세상에는 공짜가 없기 때문이다."

앞에서 언급했듯이, 40대는 인생에 있어서 가장 중요한 혁명의 시기인 것이다. 사회적 시스템과 사회적 제도로 인해, 2, 30대는 대학을 졸업해야 하고 취직을 해야 하고 결혼을 해서 가정을 꾸려나가야 한다. 대부분의 사람들은 이러한 삶에서 벗어나지 못하고 그저 사회인으로 살아가고 있을 것이다. 그래서 시기적으로 40대 이전에는 학생으로서 직장인으로서 가장으로서 남편으로서 책임을 다하기 위해 자신이 하기 싫은 일임에도 어쩔 수 없이 해야 할 일들을 해야 했던 시기라고 할 수 있다. 하지만 40대 이후의 삶은 그러한 것들에서 탈피하여 자신의 인생의 진짜 비전을 가질 수 있는 시기라고 할 수 있다.

자신의 인생에 비전을 가진다는 것은, 삶을 풍요롭게 해주며 옳은 방향으로 견인해주는 역할을 한다. 무엇보다 비전이 있는 사람들은 부(富)하게 되고 성공하게 된다. 비전을 가지게 되면 그 비전이 큰 힘이 되어주기 때문이다. 그것은 우리가 돋보기로 햇빛을 한 점에 집중시키면 그곳에 불이 날 정도로 강력한 힘이 생성되는 것과 같은 이치이다. 우리의 모든 역량을 한 가지 비전을 향해 모을 때 낭비를 줄일 수 있을 뿐만 아니라 모든 자원이 하나로 집중되기 때문에 더 큰 시너지 효과를 볼 수 있게 된다.

막연하게 꾸는 꿈은 진짜 꿈이 아니다. 그것은 몽상에 불과하다. 이처럼 막연히 미래에 하고 싶은 것이라고 해서 다 비전이 아니다. 그것은 단지 희망사항일 뿐이다. 그렇다면 진짜 비전이란 어떤 것일까?

진짜 비전이란 그것을 생각하면 언제나 가슴이 용광로처럼 펄펄 끓고 뛰는 것을 말한다. 진짜 비전이란 평생 살면서 끊임없이 온몸과 마음이 간절하게 열망해왔던 것을 말한다.

이 세상을 바꾸는 것은 우리의 간절함이다. 뜨거운 열정이다. 세상을 바꾸고자 하는 자는 자신을 먼저 바꾸어야 한다는 말처럼 자신을 먼저 바꾸어야 한다. 진짜 비전을 가진다는 것은 막연히 미래에 하고 싶은 것을 정하는 것이 아니라, 쉼 없이 자신을 가슴 뛰게 하는 그 무엇을 하고자 결단하는 것이다.

그것을 하기 위해서는 간절함이 필요하고 뜨거운 열정이 필요하다. 그러한 열정과 뜨거움은 저절로 생겨나지 않는다. 무엇보다 공부를 통해 생겨날 수 있는 것이다.

40대 공부를 통해 얻을 수 있는 유익함 중의 하나는 바른 방향을 잡을 수 있다는 점이다. 그렇기 때문에 올바른 인생을 살아갈 수 있게 되고 그로 인해 참된 비전을 가질 수 있다는 점이다.

실패한 인생이 부끄러운 것이 아니라, 발전이 없는 인생이 부끄러운 것이다. 꿈조차 꾸지 않는 인생이 부끄러운 것이다.

필자가 첫 직장으로 입사한 삼성그룹에서 십여 년의 직장생활을 회고해보면 다음과 같다.

대한민국 최고의 기업에 입사했다는 사실만으로도 입사 후 몇 년은 신이 났다. 어느 모임에 가더라도 부모님도 친척들도 친구들도 모두 부러워했다. 그러한 부러움을 안고 직장생활을 할 수 있어서 좋았다. 하지만 그것이 촛불에 연연하는 껍데기 삶이라는 사실을 필자는 뒤늦게 알게 되었다. 십 년 이상 열심히 앞만 보고 뛰었지만 개인적으로 남는 것은 하나도 없었기 때문이다.

아이들에게 심부름을 시키기 위해 사탕이나 아이스크림을 주면, 그 아이들은 정말 열심히 심부름을 잘 한다. 이것처럼 회사에서 잠시 빌려주는 직위와 권한은 모두 회사의 것일 뿐 퇴직을 할 때는 다시 회사에 고스란히 반납을 해야 한다. 내가 반납한 그것은 또 다른 누군가에게 대여될 것이다. 그렇게 회사는 돌아간다. 하지만 나는 그것을 반납하기 전까지는 그것이 나의 실상인 줄 알고 좋아했다. 하지만 그것은 빈 껍데기에 불과하고 쉽게 꺼지는 촛불에 불과했다. 그것은 나의 인생에 있어서 영원히 존재하는 태양빛이 아니라, 작은 입김에도 쉽게 꺼지는 촛불과 같은 나의 빈 껍데기였던 것이다. 그 사실을 깨닫게 된 것은 태양빛을 보게 되었기 때문이다.

내게 있어 그 태양빛을 일깨워준 것은 한 권의 책이었다. 그 책은 이 책의 앞 부분에서 잠깐 언급한 적이 있는 영국의 대표적인 경영 사상가인 찰스 핸디의 저서 『코끼리와 벼룩(The Elephant and The Flea)』이다.

나는 내가 코끼리인 줄 알았다. 하지만 이 책을 접하고 나서 나는 코끼리가 아니라 벼룩이었다는 사실을 알게 되었다. 내가 맡은 회사에서의 일과 힘들게 노력해서 얻은 직위와 권한은 모두 하루아침에 사라져 버릴 수 있는, 쉽게 꺼져 버릴 수 있는, 촛불과 같은 허상에 불과하다는 사실을 깨닫게 되었다. 그래서 그 허상에서 과감하게 벗어나기를 결단했던 것이다. 그것도 불혹의 나이가 다 되어서 말이다.

나는 과감한 결단과 실행을 통해 40대 공부를 하는 사람이 될 수 있었고, 그로 인해 나는 스스로 이 세상에서 가장 행복한 사람의 반열에 오르게 되었던 것이다.

그 이유는 평생 자신을 대변할 수 있는 천직을 발견하고 그것을 할 수 있는 사람이 되었기 때문이라고 말할 수 있다. 내가 태어나서 가장 하고싶었던 일이 무엇인지 발견하게 되었던 것이다. 그렇게 가슴 뛰게 좋아하는 일을 하게 되었다는 것이다. 이것보다 더 행복한 것이 또 어디에 있을까!

그 모든 것은 40대 공부를 할 수 있었기에 나의 시야가 넓혀지고 사고가 유연해지고 자신의 삶을 통찰하며 이 사회를 크고 넓게 바라 볼 수 있었다. 그 결과 내가 가장 좋아하는 일을 발견하고 그것에 집중할 수 있게 되었던 것이다.

40대 공부의 최대의 유익함은 인생 최고의 비전을 발견할 수 있는 시야와 사고의 확장이다. 가짜 비전이 아닌, 진짜 인생의 비전을 가지고 있는가? 우리는 스스로 반문해야 한다. 만약에 없다면, 우리는 40대 공부를 시작해야 한다. 공부는 절대로 우리를 배신하지 않는다. 그리고 40대 공부는 우리를 최고의 삶을 살 수 있는 길로 이끌어 줄 것이다. 우리 자신을 성장시키고 변화시켜서 그것이 가능하도록 반드시 만들어 줄 것이다.

자! 40대들이여!

지금부터 공부를 시작하자. 공부에 다시 한 번 미쳐라. 그러면 세상이 당신에게 빠져들 것이다. 그곳에 성공도 부도 명예도 인기도 모두 있음을 우리는 알고 있다. 그리고 이런 것보다도 비교도 안 될 만큼 좋은 것 하나가 있다. 바로 공부를 통한 행복한 삶이다.

공부를 하면 자신이 얼마나 행복한 사람인지 알 수 있다. 그리고 공부를 해야 자신이 얼마나 많은 것들을 소유하고 있는 세상, 소유할 수 있는 세상에 태어나 살고 있는지를 분명하게 직시하게 된다. 이미 우리는 너무나 행복한 시대에 태어나 행복한 삶을 살고 있다. 지금 우리가 살고 있는 이 시대가 행복한 시대인 진짜 이유는 우리가 공부에 모든 것을 걸고 공부에 미칠 때, 그 공부한 것이 우리에게 성공과 부를 가져다 줄 수 있는 획기적인 시대이기 때문이다.

우리 40대에게 필요한 것은 좋은 직장이나 연금이나 보험이나 부동산이 아니다. 우리에게 필요한 것은 우리의 시야를 확장시켜주고 사고를 유연하게 해줄 참된 공부이다.

40대 공부는 최고의 재테크라고 할 수 있다. 왜냐하면 40대 때 아무리 로또에 당첨되고 큰 부동산이 있고 큰 재산이 있다고 해도 그것은 우리의 삶을 진정 풍요롭고 행복하게 해줄 수 없기 때문이다. 넘쳐 나는 돈을 주체하지 못하는 부자들 중에 불행하게 살다가 불행하게 인생을 마감하는 사람들이 많다는 사실을 알고 있다. 뿐만 아니라 큰 성공을 이룩한 사람들 중에서도 인생을 불행하게 살다가 불행하게 마감하는 사람을 우리는 목격했다. 우리의 인생을 행복하게 해주고 성공적인 삶을 살 수 있게 해주는 것은 돈이나 외형적인 성공이 아니다.

바로 공부인 것이다. 참된 공부를 하는 사람은 돈이 없다 해도 상황이 나쁘다 해도 그것을 잘 극복하며 풍요롭게 살아낼 수 있는 것이다. 그것이 바로 공부의 위력이라고 할 수 있다. 40대 공부를 하는 사람들은 일시적으로 시련과 역경이 찾아오고 가난과 궁핍에 힘든 삶을 살수는 있지만 그것이 오래가지 않는다. 그러한 시련과 역경을 빨리 이겨내고 풍요롭고 행복한 삶을 오래 살아갈 수 있게 되는 것이다.

암기 잘하는 데 도움이 되는 식품

1. 콩

콩에 많은 포스파티딜세린(PS)은 뇌세포의 막을 강화시켜줘 세포가 파괴되는 것을 막아준다. 미국에서는 이미 10년 전부터 PS가 치매 치료제 성분으로 쓰이고 있다.

2. 호두

뇌신경세포의 60%는 불포화 지방산으로 이뤄져 있는데 이것은 호두에 특히 많다. 이 불포화지방산은 뇌신경세포 파괴를 막는 동시에 뇌신경세포가 더 많은 가지를 내게 도와준다. 또한 호두에 풍부한 비타민 E역시 뇌신경세포 간 물질 전달을 원활히 해줘 건만증 개선에 도움이 된다.

3. 연어

연어에는 뇌기능저하를 막는 오메가3 필수지방산(DHA, EPA)이 등 푸른 생선보다 많다. 이 오메가3 필수지방산은 뇌신경세포막을 유지, 강화해주고 신경전달물질이 오가는 신경세포 돌기 사이의 전해질 성분을 강화해준다. 또 뇌혈류를 증가시켜 뇌세포에 영양분과 산소가 더 잘 전달되도록 도와준다.

4. 사과

사과 속 케르세틴이라는 항산화 물질이 뇌세포를 파괴시키는 가장 큰 원인 중 하나인 코르티졸을 크게 줄여준다. 이 성분은 사과의 과육보다 껍질에 연두색 사과보다는 붉은 사과에 더 많다.

5. 클로렐라

클로렐라의 루테인 성분은 뇌기능을 떨어뜨리는 뇌혈류 속 과산화인지 질을 감소시키는데 과산화인지질이 감소되면 뇌 혈액 속으로 영양분과 산소가 원활히 공급돼 뇌세포 파괴가 억제된다.

40대 공부는
인생 최고의 기쁨이며 선물이다

우리 인생에서 가장 기회가 많은 시기는 바로 40대이다. 그리고 그 40대에 공부를 오롯이 즐길 수 있는 인생은 매우 행복한 인생임에 틀림없다. 인생의 모진 풍파로 인해 지칠 대로 지치고 힘든 삶을 통해 조용한 절망의 삶을 살아가고 있는 이 땅의 많은 40대들이 다시 한 번 공부를 통해 인생을 역전시키게 되었으면 좋겠다.

하지만 인생을 역전시키는 것보다 더 중요한 것은 인생의 중간 지점에서 공부를 통해 형언할 수 없는 기쁨과 즐거움을 누리고 맛보게 되는 것이다. 누군가에게 뒤처지지 않기 위한 공부가 아니라, 오롯이 자신을 기쁘게 하고 가슴 뛰게 하는 그러한 공부를 하는 사람은 그 자체로 성공한 인생이라고 할 수 있다. 왜냐하면 40대 공부는 누가 뭐래도 인생 최고의 기쁨이며 선물이기 때문이다. 이러한 인생 최고의 기뜸과 선물을 발견한 사람은 바로 40대 공부를 하는 사람이기 때문이다. 뉴턴의 스승인 아이작 배로는 이러한 점을 다음과 같이 표현한 바 있다.

"책을 사랑하는 사람에게는 진실한 친구, 유익한 상담자, 쾌활한 동반자, 적절한 위안자가 전혀 필요치 않다. 공부를 하고 책을 읽고 사색을 한다면 어떤 상황에서나 어떤 운명에서나 기분을 전환하고 즐거워질 수 있다."

동양에서는 최고의 현자로 평가받는 공자가 공부의 기쁨에 대해 잘 말해주고 있다.

"學而時習之 不亦說乎."
"배우고 때로 익히면 또한 기쁘지 아니한가"

너무나 잘 알고 있는 내용이다. 공자는 자신을 "지식을 탐구하는 기쁨에 음식을 잊었고, 지식을 얻는 기쁨에 슬픔을 잊었으며, 노년이 오는 줄을 알아차리지 못한 사람'이라고 표현하기까지 했다. 그가 얼마나 공부의 기쁨을 제대로 누리며 살았던 사람이었는가를 잘 말해주는 표현이 아닐 수 없다.

이러한 기쁨과 즐거움을 넘어서 더욱 더 가치 있고 의미 있는 것이 바로 40대 공부라고 할 수 있다. 왜냐하면 40대 공부를 한다는 것은 바로 인생의 의미와 가치를 발견하는 일이며 자신을 찾아가는 여행이며 모험이라고 말할 수 있기 때문이다.

아무리 큰 부와 성공을 하더라도 자신을 잃어버린다면 그것은 아무 의미와 가치가 없게 된다. 하지만 인생을 살면서 큰 부와 성공을 하지 못하더라도 자신을 발견하고 자신의 길을 간 사람은 인생에 의미와 가치가 남겨지게 된다.

40대 공부는 선택사항이 아니라 생존의 필수 전략이다. 하지만 이러한 40대 공부를 등한시 여기고 불필요하다고 생각하는 사람들에게는 더 이상 희망도 없고 미래도 없는 것이다.

공부는 절대 배신하지 않는다. 공부는 매우 정확하고 치밀하기 때문에 한 만큼 우리의 인생에 피와 살이 되고 기쁨과 즐거움이 된다.

비행기는 전진하지 않는 그 순간 추락한다. 그것처럼 인간은 공부하지 않는 순간 망할 수밖에 없다. 왜냐하면 공부하지 않는 인간과 문맹은 무지하다는 점에서 별반 차이가 없기 때문이다. 그럼에도 불구하고 우리는 문맹자들이 얼마나 많은 정보와 지식에서 소외되는지는 알고 있으면서도, 정작 책을 보지 않고 공부하지 않는 자신도 역시 그런 사람과 다를 바 없다는 사실은 깨닫지 못하는 것이다.

그 결과 문맹자들이 글을 몰라도 살아갈 수 있다는 점에서 위안을 삼듯, 공부하지 않는 사람들은 공부하지 않아도 살아갈 수 있다며 위안을 삼는다. 이런 점에서 두 부류의 사람들은 또한 별반 차이가 없다.

공부를 한다는 것은 바로 인류가 쌓아온 지식과 지혜와 통찰력과 혜안과 사고력이라는 비행기를 타고 인생의 성공과 행복이라는 목적지에 도착하고자 하는 여정과 같은 것이다.

"공부를 한다는 것은 모든 것을 잃어도 다시 일어설 수 있는 위대한 힘을 얻게 되는 것과 같다."

그래서 최고의 재테크는 공부이고, 최고의 성공비결도 공부인 것이다. 자, 그동안 고생 많았던 40대여, 다시 한 번 공부에 미쳐보자.

>> 명확한 기한을 정하라

기한이 없는 목표는 탄알이 장전되지 않은 총과 같습니다. 물론 기한을 정한다고 해서 기한까지 반드시 목표를 이룰 수 있을 것이라는 보장은 없습니다. 하지만 기한을 정해두지 않는다면 당신은 기한을 정한 것 보다 더욱 늦게 목표를 이루게 될 것입니다. 때문에 목표를 정할 때에는 반드시 분명한 기한을 정해 놓아야 합니다. 명확한 기한을 정하고 그 시점까지 성취할 수 있도록 자신을 독려하세요.

– 「나를 위한 하루 선물」 중에서